अभियांत्रिकी कर्मशाला अभ्यास मैनुअल

अजय कुमार सराठे

KHANNA BOOK PUBLISHING CO. (P) LTD.
PUBLISHER OF ENGINEERING AND COMPUTER BOOKS
4C/4344, Ansari Road, Darya Ganj, New Delhi-110002
Phone: 011-23244447-48 **Mobile:** +91-99109 09320
E-mail: contact@khannabooks.com
Website: www.khannabooks.com

Dear Readers,

To prevent the piracy, this book is secured with HIGH SECURITY HOLOGRAM on the front title cover. In case you don't find the hologram on the front cover title, please write us to at contact@khannabooks.com or whatsapp us at +91-99109 09320 and avail special gift voucher for yourself.

Specimen of Hologram on front Cover title:

Moreover, there is a SPECIAL DISCOUNT COUPON for you with EVERY HOLOGRAM.

How to avail this SPECIAL DISCOUNT:
Step 1: Scratch the hologram
Step 2: Under the scratch area, your "coupon code" is available
Step 3: Logon to www.khannabooks.com
Step 4: Use your "coupon code" in the shopping cart and get your copy at a special discount
Step 5: Enjoy your reading!

ISBN: 978-93-5538-190-3
Book Code: DIP179HI

Engineering Workshop Practice

by A. K. Sarathe

[Hindi Edition]

First Edition: 2021
Reprint : Oct, 2022

Published by:

Khanna Book Publishing Co. (P) Ltd.
Visit us at: **www.khannabooks.com**
Write us at: **contact@khannabooks.com**
CIN: U22110DL1998PTC095547

To view complete list of books, Please scan the QR Code: KPH

Printed in India.

प्रो. अनिल डी. सहस्रबुद्धे
अध्यक्ष
Prof. Anil D. Sahasrabudhe
Chairman

सत्यमेव जयते

अखिल भारतीय तकनीकी शिक्षा परिषद्
(भारत सरकार का एक सांविधिक निकाय)
(शिक्षा मंत्रालय, भारत सरकार)
नेल्सन मंडेला मार्ग, वसंत कुंज, नई दिल्ली–110070
दूरभाष : 011–26131498
ई–मेल : chairman@aicte-india.org

ALL INDIA COUNCIL FOR TECHNICAL EDUCATION
(A STATUTORY BODY OF THE GOVT. OF INDIA)
(Ministry of Education, Govt. of India)
Nelson Mandela Marg, Vasant Kunj, New Delhi-110070
Phone : 011-26131498
E-mail : chairman@aicte-india.org

प्राक्कथन

इंजीनियरिंग ने सदियों से समाज की प्रगति और विस्तार में बहुत महत्वपूर्ण भूमिका निभाई है। भारतीय उपमहाद्वीप में उपजे इंजीनियरिंग विचारों ने संपूर्ण विश्व के चिंतन को प्रभावित किया है।

अखिल भारतीय तकनीकी शिक्षा परिषद (अभातशिप) ने वर्ष 1987 में अपने स्थापना से ही तकनीकी विद्यार्थियों को सर्व संभव सहायता देने में अग्रणी भूमिका का निर्वहन किया है। अभातशिप का लक्ष्य गुणवत्तापूर्ण तकनीकी शिक्षा को प्रोत्साहन देते हुए इसके माध्यम से उद्योग जगत को नवीन उत्कर्ष पर पहुँचाना एवं अंततः मातृभूमि भारत को एक आधुनिक विकसित राष्ट्र के रूप में स्थापित करना है| यहां यह उल्लेख करना अनुचित नहीं होगा कि इंजीनियर आधुनिक समाज की रीढ़ हैं - बेहतर इंजीनियर अर्थात बेहतर उद्योग और उद्योग ज़ितने बेहतर होंगे राष्ट्र उतना ही विकास करेगा।

राष्ट्रीय शिक्षा नीति 2020 की परिकल्पना है कि सभी के लिए क्षेत्रीय भाषा में शिक्षा उपलब्ध हो, जो सुनिश्चित करती है कि प्रत्येक विद्यार्थी समग्र रूप से सक्षम एवं दक्ष हो ताकि राष्ट्रीय विकास में सकल योगदान दे सके।

अभातशिप का विगत कुछ वर्षों से यह अथक प्रयास रहा है कि, इंजीनियरिंग के सभी विद्यार्थियों को उच्च गुणवत्ता वाली अंतरराष्ट्रीय स्तर की पुस्तकें क्षेत्रीय भाषाओं में तैयार कर, उचित मूल्य पर उपलब्ध कराई जाएँ। ये पुस्तकें न केवल सरल भाषा में व्यावहारिक जीवन के उदाहरणों तथा समृद्ध विषय सामग्री को ध्यान में रखकर तैयार की गई हैं, अपितु इनमें दिन प्रति दिन बदलते वैश्विक परिदृश्य तथा उद्योग जगत की आवश्यकताओं का भी ध्यान रखा गया है। क्षेत्रीय भाषाओँ में तैयार की गई ये पुस्तकें, अभातशिप के इंजीनियरिंग एवं प्रौद्योगिकी के मॉडल पाठ्यक्रम - 2018 के अनुरूप हैं।

संपूर्ण भारत के अनुभवी एवं विषय के निष्णात प्रख्यात प्राध्यापकों द्वारा इन पुस्तकों को अकादमिक समुदाय के लाभ के लिए लिखा गया है। अभातशिप को पूर्ण विश्वास है कि, विषय सामग्री की दृष्टि से समृद्ध, ये पुस्तकें तकनीकी शिक्षा के विद्यार्थियों को अधिक सुगमता और गुणवत्ता के साथ विषयों में दक्षता प्राप्त करने में सहायक होंगी|

अभातशिप इन पुस्तकों और इंजीनियरिंग विषयों को अधिक सुस्पष्ट एवं प्रभावी बनाने के लिए सभी मूल लेखकों, समन्वयकों तथा अनुवादकों के अथक प्रयास और परिश्रम की प्रशंसा करता है।

(Anil D. Sahasrabudhe)

आभार

इंजीनियरिंग एवं प्रौद्योगिकी के विद्यार्थियों के लिए तकनीकी पुस्तकों के प्रकाशन हेतु कुशल नियोजन, संयोजन एवं क्रियान्वयन हेतु अखिल भारतीय तकनीकी शिक्षा परिषद् के प्रति लेखक हृदय से कृतज्ञ हैं।

पुस्तक को विद्यार्थियों के अनुकूल रोचक एवं कलात्मक रूप देने में पुस्तक के समीक्षक श्री हामिद जहीर के बहुमूल्य योगदान के प्रति भी लेखक हृदय से आभारी है।

लेखक के लिए अत्यंत गौरव का विषय है कि, यह पुस्तक एआईसीटीई के मॉडल पाठ्यक्रम एवं राष्ट्रीय शिक्षा नीति (NEP)-2020 के दिशानिर्देशों के अनुरूप तैयार की गई है। साथ ही क्षेत्रीय भाषाओं में शिक्षा को बढ़ावा देने के लिए इस पुस्तक का अनुसूचित भारतीय क्षेत्रीय भाषाओं में भी अनुवाद किया जा रहा है।

हम इस पुस्तक के हिंदी भाषा में अनुवाद के लिए डॉ. अभिताब दुबे एवं समीक्षा के लिए प्रो. अप्रतुल चंद्र शुक्ला के प्रति आभार व्यक्त करते हैं।

हम श्री बुद्धा चंद्रशेखर, मुख्य समन्वय अधिकारी (CCO), NEAT, एआईसीटीई के प्रति हार्दिक सम्मान व्यक्त करते हैं जिनके द्वारा विकसित आर्टिफिशियल इंटेलिजेंस (AI) आधारित ट्रांसलेशन टूल का उपयोग अनुवाद के लिए किया गया।

अंत में, लेखक, खन्ना बुक पब्लिशिंग कंपनी प्राइवेट लिमिटेड, नई दिल्ली, के सभी सदस्यों जिन्होंने प्रकाशन के दौरान तत्परता से सहयोग प्रदान किया एवं इसे एक स्मरणीय अनुभव बनाया, के प्रति भी हार्दिक धन्यवाद ज्ञापित करते हैं।

–अजय कुमार सराठे

प्रस्तावना

''अभियांत्रिकी कर्मशाला अभ्यास मैनुअल'' इस क्षेत्र में मेरे शिक्षण, शिक्षक-प्रशिक्षण और व्यावहारिक अनुभव का परिणाम है। इस मैनुअल को विकसित करने में डिप्लोमा इंजीनियरिंग और प्रौद्योगिकी पाठ्यक्रमों के लिए एआईसीटीई मॉडल पाठ्यक्रम 2019 पर विचार किया गया है और सभी इकाइयों को इस मैनुअल में उचित और व्यवस्थित तरीके से शामिल किया गया है। सभी इकाइयों को प्रासंगिक सिद्धांत, आंकड़े और तस्वीरों के साथ समर्थित किया ताकि विद्यार्थियों को इकाई को बेहतर तरीके से समझने में मदद मिल सके।

मैनुअल में कुल पाँच इकाइयाँ हैं। पहली इकाई काष्ठकर्म से संबंधित है, दूसरी इकाई फिटिंग के बारे में है, तीसरी इकाई झलाई पर केंद्रित है, चौथी इकाई धातु चादर के काम के बारे में चर्चा करती है और पांचवीं इकाई घरेलु विद्युत् वायरिंग से संबंधित है। मैनुअल में P1 से P17 तक कुल सत्रह कर्मशाला प्रयोग शामिल हैं और इसे सरल से जटिल तक पदानुक्रमित तरीके से व्यवस्थित किया गया है ताकि छात्र न केवल प्रयोग को पूरा करने और अंक / ग्रेड प्राप्त करने पर ध्यान केंद्रित कर सकें, बल्कि रचनात्मक और समीक्षात्मक सोच को समाविष्ट करते हुए उपयोगी उत्पादों को बनाने के लिए भी प्रेरित हों।

आउट्कम आधारित शिक्षा दर्शन के साथ सामंजस्य सुनिश्चित करने के लिए एनआईटीटीटीआर भोपाल के वरिष्ठ संकाय द्वारा मैनुअल प्रारूप को उसी के अनुकूल बनाया गया है। इस मैनुअल को लिखने का उद्देश्य इंजीनियरिंग डिप्लोमा प्रथम वर्ष के छात्रों को विभिन्न इंजीनियरिंग शालाओं में औजार, उपकरण, यंत्र, मशीनरी और प्रक्रियाओं का सही ढंग से उपयोग करने में व्यावहारिक अनुभव प्राप्त करने के लिए बुनियादी कार्यशाला प्रविधियों को पेश करना है। सरलतम तरीके से बुनियादी कार्यशाला अभ्यास को प्रस्तुत करने का प्रयास किया गया है।

इस मैनुअल को तैयार करते समय, विभिन्न मानक पाठ्य पुस्तकों और कार्यशाला प्रौद्योगिकी के मैनुअल को संदर्भित किया गया है ताकि विवेचनात्मक सोच और प्रदर्शन प्रक्रियाओं का सही ढंग से उपयोग करके कार्यशाला अभ्यास की समस्याओं को संभाला जा सके। छात्रों को कार्यशाला तकनीक पर मानक पुस्तकों को संदर्भित करने और कार्यशाला गतिविधियों से संबंधित ऑनलाइन लिंक के माध्यम से कार्यशाला अभ्यास के बारे में अधिक जानकारी तलाशने के लिए प्रोत्साहित किया गया है।

मुझे पूरी उम्मीद है कि यह इंजीनियरिंग कार्यशाला अभ्यास मैनुअल विद्यार्थियों को विभिन्न कार्यशाला प्रक्रियाओं को सीखने में सक्रिय भागीदारी के लिए प्रेरित करेगा, साथ ही यह शिक्षकों को छात्रों को जुनून के साथ सीखने के लिए अभिप्रेरित करेगा। मैं इस मैनुअल को इस से संबंधित सभी के लिए लाभकारी बनाने के लिए हितधारकों द्वारा दिए गए सभी सुझावों का आभारी हूं। विद्यार्थियों के साथ-साथ शिक्षकों के लिए भी इस मैनुअल को तय करना और पूरा करना वास्तव में बहुत खुशी की बात है।

–अजय कुमार सराठे

परिणाम आधारित शिक्षा

परिणाम आधारित शिक्षा (आउटकम बेस्ड एजुकेशन) के क्रियान्वयन के लिए प्रथम आवश्यकता है, परिणाम आधारित पाठ्यक्रम विकसित करना एवं शिक्षा प्रणाली में परिणाम आधारित मूल्यांकन का समावेश करना। परिणाम आधारित आकलन के माध्यम से मूल्यांकनकर्ता यह मूल्यांकन करने में सक्षम हो सकेंगे कि क्या विद्यार्थियों ने उल्लेखित मानक, विशिष्ट और मापने योग्य लक्ष्यों (परिणामों) को प्राप्त कर लिया है। परिणाम-आधारित शिक्षा के उचित समावेश से सभी विद्यार्थियों में, प्रोग्राम बीच में छोड़े बिना, न्यूनतम मानक अर्जित करने के लिए एक निश्चित प्रतिबद्धता होगी। परिणाम आधारित शिक्षा युक्त प्रोग्राम के अंत में, विद्यार्थी निम्नलिखित लक्ष्यों (परिणामों) तक पहुंचने में सक्षम होगे।

PO1 : **मूलभूत एवं अध्ययन संकाय विशिष्ट ज्ञानः** गणित, विज्ञान, इंजीनियरिंग के आधारभूत ज्ञान और इंजीनियरिंग विशेषज्ञता को इंजीनियरिंग समस्याओं के समाधान के लिए उपयोग करना।

PO2 : **समस्या विश्लेषणः** संहिताबद्ध मानक विधियों का उपयोग करके सुपरिभाषित इंजीनियरिंग समस्याओं को पहचानना एवं उनका विश्लेषण करना।

PO3 : **समाधानों की समाधानों की रूपरेखा / विस्तारः** सुपरिभाषित तकनीकी समस्याओं के लिए समाधानों की रूपरेखा (डिजाईन) तैयार करना और निर्दिष्ट आवश्यकताओं को पूरा करने के लिए प्रणाली के घटकों या प्रक्रियाओं के डिजाइन में सहायता करना।

PO4 : **इंजीनियरिंग उपकरण, प्रयोग और परीक्षणः** मानक परीक्षण और माप करने के लिए आधुनिक इंजीनियरिंग उपकरण और उपयुक्त तकनीक का उपयोग करना।

PO5 : **समाज एवं पर्यावरणीय स्थायित्व के लिए इंजीनियरिंग कार्यप्रणालीः** समाज, स्थिरता, पर्यावरण और नैतिक कार्यप्रणालियों के संदर्भ में उपयुक्त प्रौद्योगिकी का उपयोग करना।

PO6 : **परियोजना प्रबंधनः** इंजीनियरिंग और प्रबंधन के सिद्धांतों का उपयोग व्यक्तिगत एवं समूह के सदस्य अथवा प्रमुख के रूप में परियोजना प्रबंधन करना एवं सुपरिभाषित इंजीनियरिंग गतिविधियों के विषय में प्रभावी ढंग से संप्रेषित करना।

PO7 : **जीवन-पर्यन्त सीखनाः** व्यक्तिगत आवश्यकताओं का विश्लेषण करने की क्षमता और तकनीकी परिवर्तनों के व्यापक संदर्भ में जीवन-पर्यन्त सीखना।

कोर्स आउटकम्स

पाठ्यक्रम के पूरा होने के बाद विद्यार्थी निम्न में सक्षम होंगे:

CO-1 : बढ़ईगिरी के साधारण काम करने के लिए बढ़ईगिरी के उपकरणों का उपयोग करें।

CO-2 : साधारण कार्यवस्तु तैयार करने के लिए फिटिंग औजारों और उपकरणों का प्रयोग करें।

CO-3 : आर्क गैस, MIG झलाई उपकरण का उपयोग कर के साधारण सपाट और चढ़ाव जोड़ तैयार करें।

CO-4 : धातु चादर प्रक्रियाओं से संबंधित सरल कार्यवस्तु बनायें जैसे सोल्डरिंग, रिवेटिंग और अन्य।

CO-5 : विभिन्न घरेलु अनुप्रयोगों के लिए विद्युत् तारों का कार्य करना।

कोर्स आउटकम्स (COs)	**प्रोग्राम आउटकम्स (POs) के साथ अपेक्षित संबंध** *(1. कमजोर सहसम्बन्ध; 2. मध्यम सहसम्बन्ध; 3. मजबूत सहसम्बन्ध)*						
	PO-1	**PO-2**	**PO-3**	**PO-4**	**PO-5**	**PO-6**	**PO-7**
CO-1	2	-	-	3	1	-	1
CO-2	3	-	1	3	2	-	1
CO-3	3	1	1	3	2	-	1
CO-4	3	1	1	3	2	-	1
CO-5	2	1	2	3	2	1	1

संक्षेपण और प्रतीक

संक्षेपण सूची

संक्षेपण और प्रतीक	विस्तृत रूप
Amp	एम्पियर
cm	सेंटीमीटर
kW	किलोवाट
m	मीटर
mm	मिलीमीटर
V	वोल्ट
W	वाट
"	इंच
'	फीट

चित्र सूची

यूनिट 4: धातु चादर कार्य शाला

यूनिट 5: घरेलू विद्युत वायरिंग शाला

शिक्षकों के लिए दिशानिर्देश

परिणाम आधारित शिक्षा (OBE) की रुपरेखा के क्रियान्वयन और ब्लूम की टैक्सोनॉमी के उपयोग पर अधिक ध्यान देने के लिए आवश्यक है कि विद्यार्थियों के ज्ञान एवं व्यावसायिक कौशल को बढ़ाया जाना चाहिए। इसके उचित क्रियान्वयन के लिए शिक्षकों को एक बड़ी जिम्मेदारी लेनी चाहिए। परिणाम आधारित शिक्षा प्रणाली में शिक्षकों के असीमित उत्तरदायित्वों में से कुछ निम्न प्रकार के हो सकते है:

- यथोचित प्रतिबंधो के अंतर्गत, सभी विद्यार्थियों के सर्वोत्तम लाभ के लिए उन्हें युक्तिपूर्ण तरीके से समय का प्रबंधन करना चाहिए।
- उन्हें विद्यार्थियों का आकलन किसी भेदभाव या अन्य संभावित अपात्रता पर विचार किए बिना केवल कुछ निश्चित मानदंडों के आधार पर ही करना चाहिए।
- उन्हें विद्यार्थियों के संस्थान को छोड़ने के पूर्व उनकी सीखने की क्षमता को एक निश्चित स्तर तक बढ़ाने का प्रयास करना चाहिए।
- उन्हें यह सुनिश्चित करने का प्रयास करना चाहिए कि शिक्षा पूर्ण करने तक सभी विद्यार्थी गुणवत्ता पूर्ण ज्ञान एवं योग्यता ग्रहण कर चुके हों।
- उन्हें विद्यार्थियों को उनकी श्रेष्ठ प्रदर्शन करने की क्षमताओं को विकसित करने के लिए हमेशा प्रोत्साहित करना चाहिए।
- उन्हें नए दृष्टिकोण को सुद्रढ़ करने के लिए सामूहिक एवं दलगत रूप में कार्य करने के लिए सुविधा एवं प्रोत्साहन देना चाहिए।
- उन्हें आकलन के लिए प्रत्येक चरण में ब्लूम्स टैक्सोनॉमी का पालन करना चाहिए।

ब्लूम्स टैक्सोनॉमी

स्तर	शिक्षक को जाँचना चाहिए	विद्यार्थी को सक्षम होना चाहिए	आकलन का संभावित तरीका
सृजन Creating	विद्यार्थियों की सृजन क्षमता	डिजाइन या सृजन	लघु परियोजना
मूल्यांकन Evaluating	विद्यार्थियों की तर्क एवं मूल्यांकन की क्षमता	तर्क या प्रतिरक्षा	निर्दिष्ट कार्य
विश्लेषण Analyzing	विद्यार्थियों की विश्लेषण क्षमता	पृथक करना या भेद करना	परियोजना एवं प्रयोगशाला पद्धति
अनुप्रयोग Applying	विद्यार्थियों में जानकारी के उपयोग की क्षमता	प्रचालन/प्रदर्शन	तकनीकी प्रस्तुति/प्रदर्शन
समझ Understanding	विद्यार्थियों में विचारों की व्याख्या करने की क्षमता	व्याख्या या वर्गीकरण	प्रस्तुति/संगोष्ठी
स्मरण Remembering	विद्यार्थियों की याद करने की क्षमता (या याद रखना)	परिभाषित या याद करना	प्रश्नोत्तरी

विद्यार्थियों के लिए दिशानिर्देश

विद्यार्थियों को परिणाम आधारित शिक्षा (OBE) को लागू करने के लिए समान जिम्मेदारी लेनी चाहिए। परिणाम आधारित शिक्षा प्रणाली में विद्यार्थियों के लिए असीमित जिम्मेदारियों में से कुछ इस प्रकार हैं:

- प्रत्येक पाठ्यक्रम में यूनिट शुरू होने से पहले विद्यार्थियों को प्रत्येक UO के बारे में अच्छी तरह से अवगत होना चाहिए।
- पाठ्यक्रम शुरू होने से पहले विद्यार्थियों को प्रत्येक CO के बारे में अच्छी तरह से अवगत होना चाहिए।
- पाठ्यक्रम शुरू होने से पहले विद्यार्थियों को प्रत्येक PO के बारे में अच्छी तरह से अवगत होना चाहिए।
- विद्यार्थियों को उचित चिंतन और क्रिया के साथ आलोचनात्मक और तर्कसंगत रूप से सोचना चाहिए।
- विद्यार्थियों के सीखने को व्यावहारिक और दैनिक जीवन के परिणामों के साथ सम्बद्ध और एकीकृत किया जाना चाहिए।
- विद्यार्थियों को परिणाम आधारित शिक्षा के प्रत्येक स्तर पर अपनी योग्यता के बारे में अच्छी तरह से अवगत होना चाहिए।

विषय-सूची

यूनिट 2: फिटिंग शाला

यूनिट 4: धातु चादर कार्य शाला

यूनिट 5: घरेलू विद्युत वायरिंग शाला

1 काष्ठकर्म शाला

प्रासंगिक कोर्स आउटकम (CO) एवं प्रोग्राम आउटकम्स (POs)

CO-1: बढ़ईगिरी (कारपेंट्री) के साधारण काम करने के लिए बढ़ईगिरी औजारों का उपयोग करें।

कोर्स आउटकम	प्रोग्राम आउटकम्स (POs) के साथ अपेक्षित संबंध (1- कमजोर सहसंबंध; 2- मध्यम सहसंबंध; 3- मजबूत सहसंबंध)						
	PO-1: मूलभूत एवं अध्ययन संकाय विशिष्ट ज्ञान	PO-2: समस्या विश्लेषण	PO-3: समाधानों की रुपरेखा/विस्तार	PO-4: इंजीनियरिंग उपकरण, प्रयोग और परीक्षण	PO-5: समाज एवं पर्यावरणीय स्थायित्व के लिए इंजीनियरिंग कार्यप्रणाली	PO-6: परियोजना प्रबंधन	PO-7: जीवन पर्यन्त सीखना
CO-1: बढ़ईगिरी के साधारण काम करने के लिए बढ़ईगिरी औजारों का उपयोग करें।	2	-	-	3	1	-	1

P1 काष्ठकर्म उपकरण और मशीनें

1.1 प्रयोगिक कथन

दिए गए विमाओं (डाइमेंशन्स) के अनुआर कार्यवस्तु तैयार करने के लिए उपयुक्त औजारों और यंत्रों का उपयोग करें।

1.2 प्रायोगिक महत्व

काष्ठ कर्म अथवा बढ़ईगिरि (कारपेंट्री) लकड़ी के घटकों और तैयार माल जैसे ढलाई (कास्टिंग) के लिए पैटर्न, अलमारियाँ, रैक, छत, चौखट, विभाजन, दरवाजे और खिड़कियां बनाने की प्रक्रिया है। बढ़ईगिरि में इच्छित उद्देश्य के लिए आवश्यक गुणवत्तायुक्त वांछित लकड़ी के सामान का उत्पादन करने के लिए कच्चे माल और उपकरणों का उचित चयन शामिल है। इस कार्यशाला के अनुभव के माध्यम से विद्यार्थी मूल बढ़ईगिरि उपकरण और मशीनों का उपयोग कर बढ़ईगिरि उत्पाद के भागों और उप भागों जैसे फोटो फ्रेम, स्टूल आदि को तैयार करने में सक्षम होंगे।

1.3 प्रासंगिक सिद्धांत

लकड़ी प्राकृतिक रूप से पेड़ों के रूप में उपलब्ध है। बढ़ईगिरि के प्रयोजन के लिए अच्छी तरह से विकसित पेड़ों से लकड़ी प्राप्त की जाती है। काटने और उचित संमाधित के बाद, इसे अभियांत्रिकी और निर्माण उद्देश्यों के लिए विभिन्न आकारों में काटा जाता है।

लकड़ी को मोटे तौर पर कठोर लकड़ी और मुलायम लकड़ी में वर्गीकृत किया जा सकता है। कठोर लकड़ी का उपयोग आमतौर पर फर्नीचर, दरवाजे, खिड़की के चौखट आदि के लिए किया जाता है और नरम लकड़ी का उपयोग आम तौर पर पैनलिंग, निर्माण घटकों जैसे जुड़नार और फिटिंग आदि के लिए किया जाता है। कठोर लकड़ी के उदाहरण– शंकुधारी, कैर, देवदार, चीर, अखरोट, सागौन, साल। मृदु लकड़ी के उदाहरण– ओक, शीशम, समुद्र तटीय वृक्ष, पतझड़ी वन, आम, नीम और बबूल।

1.3.1. बढ़ईगिरि शाला के उपकरण

बढ़ईगिरिशाला में उपयोग आने वाले औजारों को मोटे तौर पर निम्न प्रकार से वर्गीकृत किया जाता है:

(*i*) अंकन (मार्किंग) और मापने के उपकरण

(*ii*) कार्य जकड़ने (वर्क होल्डिंग) वाले उपकरण/क्लैम्पिंग उपकरण।

(*iii*) काटने और समतल करने वाले उपकरण।

(*iv*) प्रहारी उपकरण (स्ट्राइकिग टूल्स)।

(*v*) विविध उपकरण।

(i) अंकन और मापने के उपकरण

अंकन उपकरण का उपयोग एक स्केच या ड्राइंग में दिए गए आयामों को किसी दिए गए कार्यवस्तुओं में स्थानांतरित करने के लिए किया जाता है। मापन यंत्रों का उपयोग अनुमानित और साथ ही सटीक माप लेने के लिए किया जाता है। विभिन्न जोड़ों को तैयार करते समय सटीक माप की आवश्यकता होती है। अंकन उपकरण और मापक यंत्र चित्र 1.1 में दिखाए गए हैं।

क्रमांक	विवरण के साथ उपकरणों के नाम
1.	**अंकन चाकू** • आकार– 4'' से 6'' • कार्यवस्तु पर दिखाई देने वाली रेखा चिन्हांकित करने के लिए अथवा चिराई, छेनी से गढ़ाई के लिए उपयोग।
2.	**अंकन गेज** • आकार– 6'' • संदर्भ किनारे या सतह के समानांतर एक रेखा उत्कीर्ण के लिए प्रयुक्त होता है। चित्र 1.1(a) में दिखाया गया है।
3.	**खाँचा गेज** • आकार– 6'' • खाँचा और चूल जोड़ों के लिए समानांतर रेखाएँ लिखने के लिए उपयोग करें। चित्र 1.1(a) में दिखाया गया है।
4.	**स्टील का फुट्टा** • आकार– 6'' से 12'' • लकीर बिछाने के लिए गाइड के रुप में उपयोग करें। चित्र 1.1(b) में दिखाया गया है।
5.	**मापनटेप** • आकार– 3 मीटर • mm में मापन के लिए उपयोग किया जाता है, जो प्लाईवुड और लकड़ी को काटने या मोल्डिंग और ट्रिम को मापने के लिए आदर्श है। चित्र 1.1(b) में दिखाया गया है।
6.	**कैलिपर्स सेट (बाहर और अंदर)** • आकार– 4'' और 6'' • एक वस्तु के दो विपरीत पक्षों के बीच की दूरी को मापने के लिए प्रयोग किया जाता है। कैलिपर्स अंदर और बाहर के आयामों, गहराई और मोटाई का त्वरित माप प्रदान करते हैं। मजबूत जोड़ों को तैयार करने के लिए लकड़ी के काम करने वालों द्वारा सटीक मापन की आवश्यकत होती है। चित्र 1.1(c) में दिखाया गया है।
7.	**विंग कम्पास** • आकार– 6''/8''/10'' और 12''। • वृत्त बनाने के लिए, वृत्त और चाप बनाने के लिए उपयोग करें। चाप और मंडलियों को उत्कीर्ण के लिए भी उपयुक्त है। चित्र 1.1(d) में दिखाया गया है।
8.	**ट्राई स्क्वायर** • आकार– 6'' से 12'' • 90° के माप के लिए और दो सतहों की वर्गाकारिता और ब्लेड के संरेखण की जांच के लिए उपयोग करें। चित्र 1.1(e) में दिखाया गया है।
9.	**बेवल स्क्वायर** • ब्लेड का आकार 6'' से 9'' तक। • कोणीय स्थिति को चिन्हित करने के लिए उपयोग किया जाता है। वांछित कोण को मापने और स्थानांतरित करने के लिए प्रयुक्त किया जाता है। चित्र 1.1(d) में दिखाया गया है।

(a)

(b)

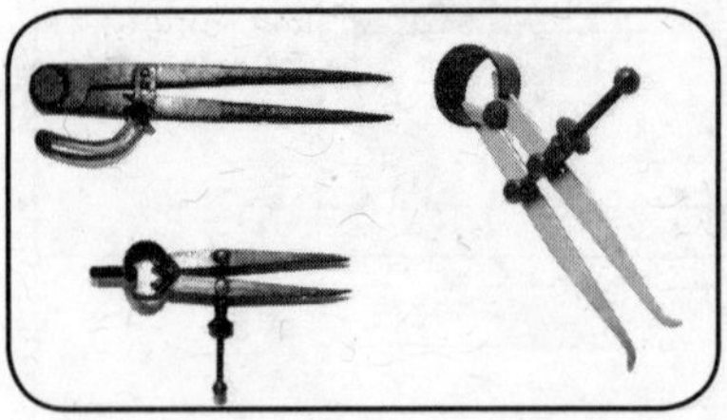

(c)

(d)

(e)

चित्र 1.1: अंकन और मापने के उपकरण

(ii) कार्यवस्तु जकड़ने वाले यंत्र/क्लैम्पिंग उपकरण

बढ़ईगिरी का काम अलग-अलग जगहों पर किया जाता है, लेकिन आमतौर पर ज्यादातर कार्य वर्क बेंच का इस्तेमाल करके किए जाते हैं। कार्य बेंच एक मजबूत, भारी और दृढ़ लकड़ी की मेज है।

अन्य होल्डिंग और क्लैमिंग उपकरणों का उपयोग भी बढ़ईगिरी प्रक्रियाओं के लिए किया जाता है। वर्क होल्डिंग उपकरणों को चित्र 1.2 में दिखाया गया है।

क्रमांक	विवरण के साथ उपकरणों के नाम
1.	**वर्कबेंच** • आकार– अनुमानित आकार है • लंबाई 160-200 सेमी, लंबाई 90-110 सेमी, लंबाई 75-85 सेमी. चित्र 1.2(a) में दिखाया गया है।
2.	**बढ़ईगिरि बेंच शिकंजा** • आकार– 8'' (जबड़े की चौड़ाई) • कार्यवस्तु को जकड़ने के लिए उपयोग किया जाता है। चित्र 1.2(b) में दिखाया गया है।
3.	**टी बार क्लैंप** • आकार– 4' से 6' • आसंजक की मदद से लंबी लंबाई की कार्यवस्तु के जोड़ों को चिपकाने के लिए जकड़ने हेतु उपयोग किया जाता है। चित्र 1.2(c) में दिखाया गया है।
4.	**सी क्लैंप** • आकार– 4'' से 12'' • कार्यवस्तु को जकड़ने के लिए उपयोग किया जाता है, इसमें फ्रेम के एक छोर पर स्थिर जबड़ा और एक चल जबड़ा होता है। चित्र 1.2(d) में दिखाया गया है।

(a)

(b)

(c)

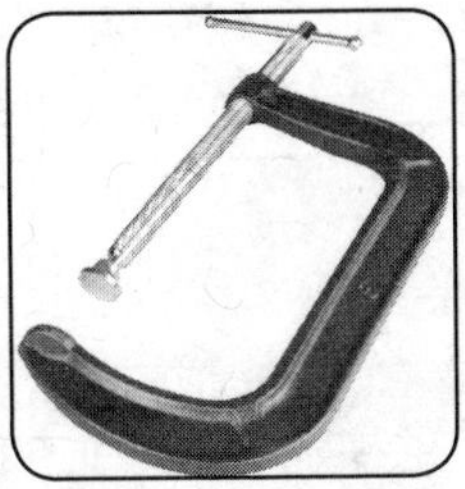

(d)

चित्र 1.2: कार्य वस्तु जकड़ने वाले उपकरण

(iii) काटने और समतल करने वाले उपकरण

काटने वाले उपकरण (साविंग टूल्स) – एक आरी में एक मजबूत ब्लेड होता है, जिसमें एक कठोर दांतेदार धार होती है। इसका उपयोग लकड़ी काटने के लिए किया जाता है। पदार्थ के खिलाफ दांतेदार धार को रखकर और इसे बलपूर्वक आगे और कम बलपूर्वक पीछे इसे सरकाकर और ऐसा ही क्रिया दोहराकर कटिंग की जाती है। विभिन्न प्रकार के सॉ चित्र 1.3(a) में दिखाए गए हैं।

छिलने के औजार (चिपिंग टूल्स) – इनका उपयोग आकर देने और जोड़ बनाने के लिए अवांछनीय लकड़ी को हटाने के लिए किया जाता है। इन औजारों को चित्र 1.3(b) में दिखाए गया है।

समतल करने वाले उपकरण (प्लेनिंग टूल्स) – समतल करने वाले उपकरण का उपयोग समतल करने, मोटाई कम करने और लकड़ी या लकड़ी के किसी टुकड़े को एक चिकनी सतह प्रदान करने के लिए किया जाता है। समतलीकरण का उपयोग वर्क पीस पर क्षैतिज, ऊर्ध्वाधर या झुकी हुई सपाट सतहों के निर्माण के लिए भी किया जाता है। विभिन्न प्रकार के समतल करने वाले उपकरणों को चित्र 1.3(c) और चित्र 1.3(d) में दर्शाया गया है।

क्रमांक	विवरण के साथ उपकरणों के नाम
1.	**दस्ती आरी (हैंड सॉ)/चीर आरी (रिप सॉ)** • आकार– 8'' से 24'' • मोटी चिराई प्रक्रिया के लिए उपयोग किया जाता है। आरी का चयन कार्यवस्तु की मोटाई पर निर्भर करता है। 4'' मोटाई तक की कार्यवस्तु के लिए 18'' के आकार की आरी उपयोग की जा सकती है। चित्र 1.3(a) में दिखाया गया है।
2.	**चूल आरी (टेनन सॉ)** • आकार– 10'' से 16'' • बारीक कटान कार्य के लिए उपयोग किया जाता है। आरी का चयन कार्यवस्तु की मोटाई पर निर्भर करता है। 2'' मोटाई तक की कार्यवस्तु के लिए 12'' आकार के आरी का उपयोग किया जा सकता है। चित्र 1.3(a) में दिखाया गया है।

क्रमांक	विवरण के साथ उपकरणों के नाम
3.	**की होल सॉ** • आकार– 8'' से 12'' • वृत्तों और स्लॉट काटने के लिए उपयोग किया जाता है। 2'' मोटाई तक की कार्यवस्तु के लिए उपयोग किया जाता है। चित्र 1.3(a) में दिखाया गया है।
4.	**हैक सॉ** • आकार– 12'' (एक तरफ या दोनों तरफ के दांत) • वस्तुओं के विभाजन के लिए उपयोग किया जाता है। आमतौर में विघटन कार्य के लिए उपयोग किया जाता है।
5.	**रंदा** • आकार– 16'' • कच्चे स्टॉक को हाटाने और समतलता बनाए रखने के लिए उपयोग किया जाता है। अधिकतम 0.5 mm गहराई को एक बार में हटाया जा सकता है। चित्र 1.3(c) में दिखाया गया है।
6.	**स्मूथिंग प्लेन** • आकार– 8'' • चिकनी परिष्करण के लिए उपयोग किया जाता है। अधिकतम 0.1 mm गहराई को एक झटके में हटाया जा सकता है। चित्र 1.3(d) में दिखाया गया है।
7.	**रिबेट प्लेन** • आकार– 8'' • चिकनी सतह पाने के लिए उपयोग किया जाता है। अधिकतम 0.1 मिमी गहराई को एक झटके में हटाया जा सकता है।
8.	**चौरासी छेनी (फर्म चिसल)** • आकार– $\frac{1}{2}''$ से 2'' • अधिक टिकाऊ काष्ठ कार्य के लिए उपयोग किया जाता है। चित्र 1.3(b) में दिखाया गया है।
9.	**शंकवाकार छेनी (बेवल चिसल)** • आकार– $\frac{1}{4}''$ से $1\frac{1}{2}''$ मोटी छिलाई के लिए उपयोग किया जाता है। चित्र 1.3(b) में दिखाया गया है।
10.	**खाँचा छेनी (मोर्टिज चिसल)** • आकार– $\frac{1}{4}''$ से $1\frac{1}{2}''$ • मोर्टिज जॉइंट को काटने के लिए इस्तेमाल किया जाता है। चित्र 1.3(b) में दिखाया गया है।

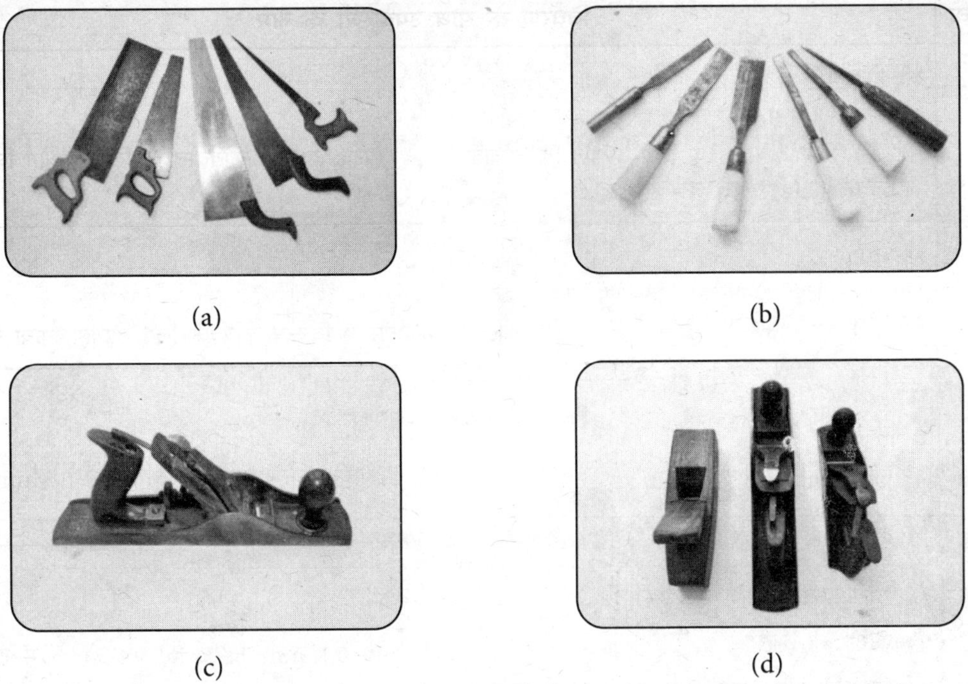

चित्र 1.3: कटाई और समतल करने वाले उपकरण

(*iv*) प्रहारी उपकरण (स्ट्राइकिंग टूल्स)

प्रहारी उपकरण बुनियादी हस्त उपकरण हैं, जिनका उपयोग कीलो और छेनियों को ठोकने के लिए किया जाता है। चित्र 1.4 में दिखाया गया है।

क्रमांक	विवरण के साथ उपकरणों के नाम
1.	**बॉल पीन हथौड़ा (हैमर)** • आकार– 450 ग्राम। • कील ठोकने और प्रहारी काम के लिए उपयोग किया जाता है। इसमें एक भारित सिर होता है जो आमतौर पर धात्विक होता है, जबकि विपरीत छोर गोल है। इस गोल सिरे को पीन कहा जाता है।
2.	**पंजा हथौड़ा** • आकार– 900 ग्राम। • कीलो को ठोकने और निकालने के लिए उपयोगी। इस हथौड़े में 'वी आकार का पंजा' होता है जो पृष्ठ के विपरीत सिरे पर होता है जिसे पंजा हथौड़े के रूप में जाना जाता है।
3.	**मैलेट** • कठोर लकड़ी से बना होता है। • फिटिंग कार्य में सॉफ्ट हैमरिंग के लिए उपयोगी होता है। मैलेट एक हथौड़े जैसा ही दिखता है, लेकिन इसमे सिरा धातु की जगह लकड़ी का होता है।

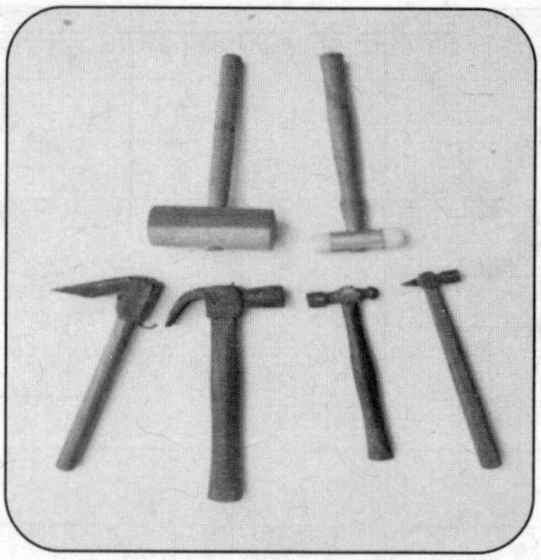

चित्र 1.4: प्रहारी उपकरण

(v) विविध उपकरण

क्रमांक	विवरण के साथ उपकरणों के नाम
1.	**बढ़ईगिरी हस्त (हैंड) ड्रिल मशीन** • आकार– $\frac{1''}{4}$ क्षमता। • छेदकार्य के लिए उपयोगी। चित्र 1.5(c) में दिखाया गया है।
2.	**वहनीय (पोर्टेबल) ड्रिल मशीन** • आकार– 2 mm से 6 mm के ड्रिल बिट्स का उपयोग आवश्यकता के अनुसार किया जा सकता है। • छेद करने के लिए उपयोगी। चित्र 1.5(d) में दिखाया गया है।
3.	**रास्प रेती (रास्प फाइल)** • आकार– 8'' से 14''। • मटेरियल को तेजी से हटाने के लिए उपयोग किया जाता है। रास्प रेती विभिन्न आकारों में उपलब्ध है। जैसे कि चौकोर, गोल और अर्ध-गोलाकार। • बढ़ईगिरी में उपयोग में आने वाले विभिन्न प्रकार के रेतियों को चित्र 1.5(a) में दिखाया गया है।
4.	**चपटी रेती (फ्लैट फाइल) बस्टर्ड** • आकार– 12'' • खुरदुरे मटेरियल को हटाने और अर्ध-परिष्करण कार्य के लिए उपयोग किया जाता है।
5.	**चपटी रेती स्मूथ** • आकार– 12'' • मटेरियल के परिष्करण और चिकनी सतह बनाने के लिए उपयोग होता है।
6.	**अर्ध गोलाकार (हाफ राउंड) रेती बस्टर्ड** • आकार– 12'' • खुरदुरे मटेरियल को हटाने के लिये उपयोग होता है और छेद को गोलाकार बनाने के साथ-साथ अवतल और उत्तल सतहों के लिए उपयुक्त होता है।

क्रमांक	विवरण के साथ उपकरणों के नाम
7.	**अर्ध गोलाकार रेती स्मूथ** • आकार– 12'' • मटेरियल के परिष्करण के लिए और छिद्रों को गोल करने के साथ-साथ अवतल, उत्तल सतहों पर चिकनी सतह बनाने के लिए उपयुक्त है।
8.	**त्रिकोणीय (ट्रायंगुलर) रेती स्मूथ** • आकार– 6'' • मटेरियल की परिष्करण और आरी के दांतों को तेज करने के लिए उपयोग किया जाता है।
9.	**पेंचकस (स्क्रू ड्राइवर्स)** • आकार– 6'' से 18'' • पेंच कसने के लिए और चित्र 1.5(b) में दिखाया गया है।
10.	**रेगमाल** • 80 नंबर से 120 नंबर। • डी-बुरिंग, पॉलिशिंग और रफ और फिनिशिंग काम के लिए भी इस्तेमाल किया जाता है।
11.	**पिंसर्स और प्लास (प्लायर)** • आकार– 8'' • कीलें निकालने के लिये। चित्र 1.5(d) में दिखाया गया है।
12.	**विद्युतीय समतलक (इलेक्ट्रिकल प्लेनर) (हस्त)** • आकार– 3'' ब्लेड का आकार। • कार्यवस्तु के सतह को चिकना करने के लिए प्रयोग किया जाता है। चित्र 1.5(e) में दिखाया गया है।
13.	**विद्युतीय सर्कुलर सॉ (हस्त)** • आकार– 4'' कटर आकार। • लकड़ी की वस्तु को काटने का विभाजित करने के लिए प्रयुक्त होता है। चित्र 1.5(f) में दिखाया गया है।

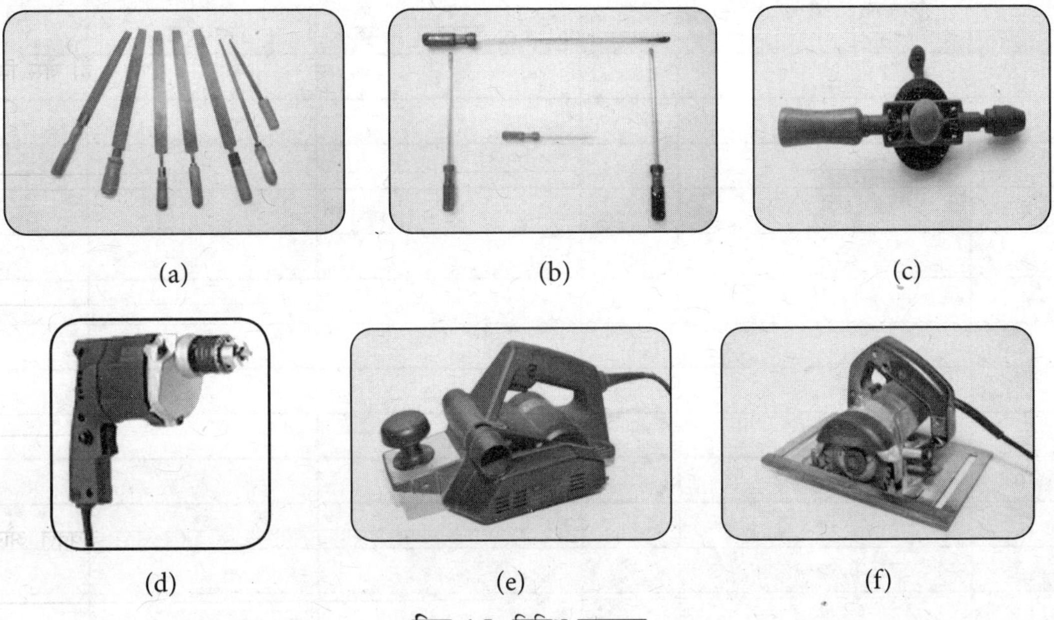

चित्र 1.5: विविध उपकरण

1.4 प्रैक्टिकल आउटकम्स (PrO)

इस विषय के पाठ्यक्रम से व्युत्पन्न प्रायोगिक परिणाम:

PrO1: दिए गए जॉब के लिए उपयुक्त औजारों और उपकरणों का चयन करें।
PrO2: उपयुक्त कर्म शाला औजारों का सही ढंग से उपयोग करें।
PrO3: सुरक्षित अभ्यासों का पालन करें।
PrO4: नेतृत्व कर्ता के रूप में कार्य करें।
PrO5: पर्यावरण के अनुकूल दृष्टिकोण का उपयोग करें।

1.5 प्रयोगिक व्यवस्था (स्केच/कार्य की स्थिति)

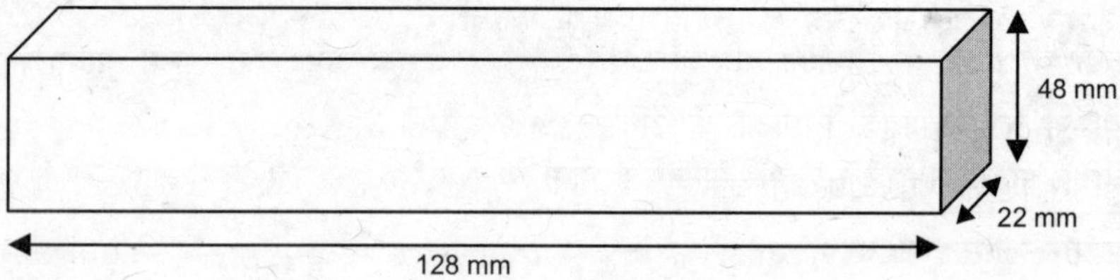

चित्र 1.6: कार्य विमायें

1.6 आवश्यक संसाधन

(इसके लिए प्रायोगिक विद्यार्थी जॉब के लिए चित्र 1.6 में दिखाए गए उपयुक्त औजारों और उपकरणों का चयन करेंगे।)

क्रमांक	सुझाए गए संसाधन मशीनें/औजार/यंत्र महत्वपूर्ण विशिष्टताओं के साथ	मात्रा	उपयोग किये गए वास्तविक संसाधन मशीनें/औजार/यंत्र विस्तृत विशिष्टताओं के साथ (विद्यार्थी द्वारा भरा जाना है)		टिप्पणी (यदि कोई हो)
			उत्पाद का नाम (मेक)	विवरण	
1.					
2.					
3.					
4.					
5.					
6.					
7.					
8.					
9.					
10.					
11.					
12.					
13.					

1.7 सावधानियाँ

1. ढीले कपड़ें ना पहनें।
2. उपयोग किए जा रहे औजारों को अच्छी तरह से तेज किया जाना चाहिए।
3. सुनिश्चित करें कि कार्यवस्तु गांठों, दरारों और कीलोसे मुक्त होना चाहिए।
4. काटने और छेनी का संचालन करते समय उपकरण की दिशा आपके शरीर से हमेशा दूर तरफ होना चाहिए।
5. उपकरण का उपयोग करने से पहले सुनिश्चित करें कि औजार का हत्था ठीक से संलग्न हो।
6. काटने के दौरान अंगूठे का उपयोग गाइड के रूप में करते समय उचित सावधानी बरतनी चाहिए।

1.8 प्रयोग विधि

1. लकड़ी के तख़्त के विमाओं की जाँच करें जो लकड़ी का अपेक्षाकृत लम्बा आयताकार टुकड़ा है।
2. कार्यवस्तु के आवश्यक विमाओं के अनुसार अंकन करें।
3. बढ़ईगिरी शिकंजे में जॉब को जकड़ें।
4. लकड़ी के तख़्त की सभी सतहों को तब तक समतल करें जब तक कि जॉब आवश्यक विमा प्राप्त न कर ले।
5. ट्राय स्कावयर की मदद से वर्गाकारिता की जाँच करें।
6. अब, सर्विंग का कार्य करें और लकड़ी के तख़्त को आरी का उपयोग करके काट लें ताकि चित्र 1.6 में दिखाए गए आवश्यक आकार के दो कार्यवस्तु प्राप्त हों और कट की सतह को रंदे का उपयोग करके समतल करें।
7. इन कार्यवस्तु का उपयोग अन्य बढ़ईगिरी प्रयोगों के लिए किया जाएगा।
8. यदि आवश्यक हो, तो शिक्षक के निर्देशों के तहत चरण 1 से 6 को दोहराकर और अधिक काम के टुकड़े तैयार किए जा सकते हैं।

1.9 प्रेक्षण और गणना

(प्रयोग के आधार पर संशोधित किया जा सकता है; विद्यार्थी द्वारा भरा जाना है)

क्रमांक			% त्रुटि
1.			
2.			

1.10 परिणाम एवं/अथवा विवेचना

(विद्यार्थी द्वारा भरा जाना है)

1. ....

2. ....

1.11 निष्कर्ष एवं/अथवा सत्यापन

(विद्यार्थी द्वारा भरा जाना है)

1. ....

2. ....

1.12 प्रयोग संबंधित प्रश्न

(उत्तर के लिए अलग शीट का प्रयोग करें) (विद्यार्थी द्वारा भरा जाना है)

नोटः *नीचे संदर्भ के लिए कुछ नमूना प्रश्न दिए गए हैं। पूर्व-निर्धारित पाठ्यक्रम परिणाम की उपलब्धि सुनिश्चित करने के लिए शिक्षकों को ऐसे और प्रश्न तैयार करने चाहिए।*

1. प्रमुख विशिष्टताओं के साथ इस प्रयोग के लिए प्रयुक्त आरी और समतलक का नाम बताइए।
2. वर्कपीस की जांच के लिए प्रयुक्त उपकरणों के नाम लिखिए।
3. बढ़ईगिरि शाला में प्रयुक्त कोई तीन नवीनतम उपकरण लिखिए।
4. नरम लकड़ी के कोई भी तीन उदाहरण दीजिये।
5. विद्युतीय सर्कुलर सॉ के महत्वपूर्ण विशिष्टताएं लिखिये।

1.13 अपशिष्ट का निपटान

(विद्यार्थी द्वारा भरा जाना है)

इस प्रयोग में फेंके जाने वाले अपशिष्ट पदार्थों को निम्नलिखित कूड़ेदानों में वर्गीकृत करें:

अपशिष्ट के प्रकार	डिब्बे (Bin) का रंग	विवरण
बायोडिग्रेडेबल अपशिष्ट	हरा	
ई-अपशिष्ट	काला	
प्लास्टिक एवं धातु अपशिष्ट	नीला	
अन्य		

1.14 पर्यावरण के अनुकूल दृष्टिकोणः कम उपयोग (रिड्युज), पुनः उपयोग (रियूज) और पुनर्चक्रण (रिसायकल)

विमाओं को उचित रूप से कम करके इस प्रयोग में कार्यवस्तु का पुनः उपयोग किया जा सकता है।

1.15 अध्ययन हेतु सुझाए गए संसाधन

1. Workshop Practice Vol-I by Hazra & Choudhary, Media & Publishers Pvt. Ltd., Delhi, Lates Edition.
2. Workshop Practice Vol-I by Raghuvanshi, Dhapant Rai & Sons, Delhi, Latest Edition.

बढ़ईगिरि औजार

नवीन बढ़ई गिरि औजार

1.16 सुझाई गई मूल्यांकन योजना

(शिक्षक द्वारा भरा जाना है)

नोटः दिए गए प्रदर्शन सूचक, प्रक्रिया और उत्पाद से संबंधित मूल्यांकन के लिए एक दिशानिर्देश के रूप में कार्य करेंगे।

प्रदर्शन सूचक		भारिता (वेटेज)	दिए गए अंक
प्रक्रिया संबंधितः 6 अंक – 60%			
1.	औजारों और उपकरणों का चयन	15%	
2.	अंकन और मापन	10%	
3.	प्रस्तुत करने से पहले कार्यवस्तु की जाँच करना	20%	
4.	सुरक्षित प्रविधिका पालन करना	5%	
5.	दल के रूप में काम करना	5%	
6.	पर्यावरण के अनुकूल दृष्टिकोण का अभ्यास करना	5%	
उत्पाद संबंधितः 4 अंक – 40%			
7.	लेखन परिणाम और/या व्याख्या	5%	
8.	निष्कर्ष	5%	
9.	जॉब की यथार्थता	10%	
10.	प्रयोग संबंधित प्रश्न	15%	
11.	बनाई अभ्यास पुस्तिका को समय पर जमा करना	5%	
	कुल	**100%**	

**उत्पाद और प्रक्रिया मूल्यांकन के लिए अंक और प्रतिशत भार शिक्षक द्वारा तय किया जाएगा।*

विद्यार्थी का नाम .... **दिए गए अंक**			**शिक्षक के हस्ताक्षर एवं दिनांक**
प्रक्रिया संबंधित	उत्पाद संबंधित	कुल	

P2 अर्ध चढ़ाव जोड़

2.1 प्रायोगिक कथन

दिए गए विमाओं के अनुसार अर्ध चढ़ाव जोड़ (हाफ लैप जॉइंट) तैयार करने के लिए उपयुक्त औजारों और यंत्रों का उपयोग करें।

2.2 प्रायोगिक महत्व

प्रत्येक डिप्लोमा इंजीनियर को बढ़ईगिरी के साधारण कामों के बारे में पता होना चाहिए जो उसे अपने करियर में करने/जांचने की आवश्यकता होती है। लकड़ी के काम करने वाले अनुप्रयोगों में अक्सर अर्ध-चढ़ाव जोड़ का उपयोग किया जाता है जिसमें कार्यवस्तु के दो टुकड़े होते हैं जो उनकी मोटाई के आधे हिस्से तक कटे होते हैं जहां वे एक दूसरे पर चढ़ाव लेते हैं। यह जोड़ डॉवेल-प्रबलित सपाट जोड़ से अधिक मजबूत होता है। चूंकि ये जोड़ बनाने में आसान और मजबूत होता है, अत: इसका उपयोग कैबिनेट दरवाजे की चौखट, घर के बाहर प्रयुक्त होने वाले फर्नीचर और आंतरिक उपयोग में आने वाले ड्रेसर के चौखट आदि में किया जाता है। अत: इस प्रयोग को करने से विद्यार्थी को लकड़ी के प्रकार,जोड़ की शुद्धता तथा उस कार्य को करने में लगने वाले समय का आभास होगा।

2.3 प्रासंगिक सिद्धांत

चढ़ाव जोड़ लकड़ी, प्लास्टिक या धातु को जोड़ने का एक बहुत ही प्रचलित तरीका है। लकड़ी को एक साथ जोड़ने के लिए लकड़ी के काम में चढ़ाव जोड़ का उपयोग किया जा सकता है। एक चढ़ाव जोड़ को पूर्ण चढ़ाव जोड़ या अर्ध चढ़ाव जोड़ के रूप में विभाजित किया जा सकता है। पूर्ण चढ़ाव जोड़ में शामिल होने के लिए कार्यवस्तु टुकड़ों से कोई सामग्री नहीं हटाई जाती है। वे बस एक दूसरे को अतिछादित करते हैं और फिर आसंजक और कीलो का उपयोग करके जोडें जा सकते हैं। अर्ध चढ़ाव जोड़ में जिसे आधा जोड़ भी कहा जाता है, पदार्थ को दोनों सदस्यों से हटाने की आवश्यकता होती है ताकि परिणामी जोड़ में सबसे मोटे सदस्य के समान मोटाई हो।

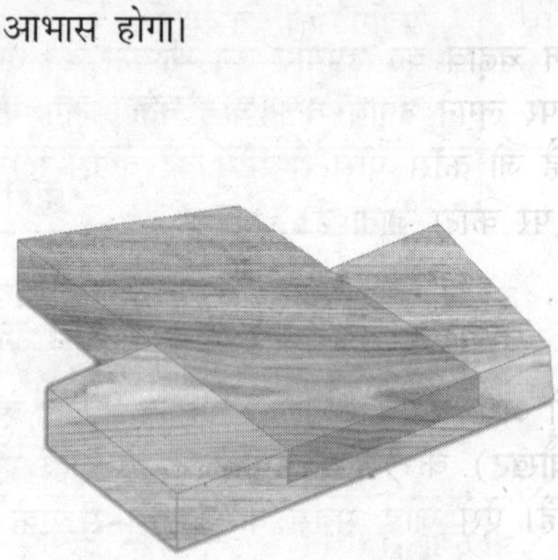

चित्र 2.1: परिपूर्ण (फिनिश्ड) अर्ध चढ़ाव जोड़

2.3.1 चढ़ाव जोड़ों का अनुप्रयोग

लैप जोड़ों का उपयोग अस्थायी फ्रेमिंग, टेबलिंग, कैबिनेट बनाने में चौखट असेंबली और लकड़ी के चौखट निर्माण के लिए किया जा सकता है।

2.3.2 चढ़ाव जोड़ों के प्रकार

विभिन्न अनुप्रयोगों के लिए लकड़ी के कार्य में उपयोग किए जाने वाले प्रमुख प्रकार के चढ़ाव जोड़ निम्नलिखित हैं।

(i) अर्ध चढ़ाव जोड़ (हाल्विंग लैप जॉइंट)

अर्ध प्रकार के चढ़ाव जोड़ों की चौखट बनाने के लिए कैबिनेटरी में बड़े पैमाने पर उपयोग किया जाता है। ये बनाने में आसान और जल्दी बनने वाला चढ़ाव जोड़ है जो लकड़ी के लंबे रेशों को जोड़ के लंबे रेशे वाली सतह से चिपकने के कारण बहुत मजबूत होता है। जोड़ के कंधे रैकिंग के लिए कुछ प्रतिरोध भी प्रदान करते हैं। लकड़ी को मुड़ने से बचने के लिए अर्ध चढ़ाव जोड़ को डबलचूल या मैकेनिकल फास्टनरों के साथ प्रबलित किया जा सकता है।

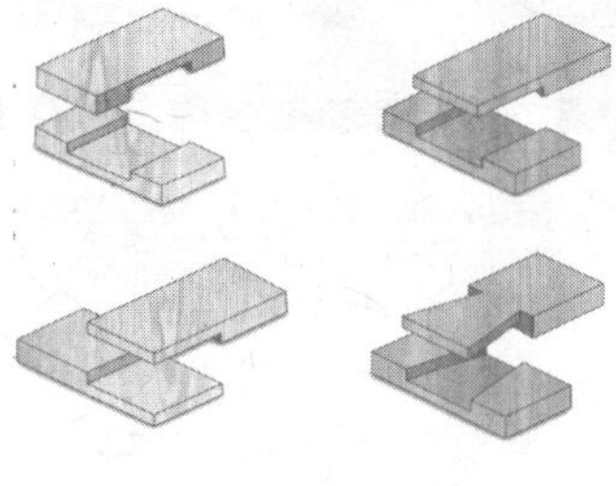

चित्र 2.2: अर्ध चढ़ाव जोड़

(ii) क्रॉस चढ़ाव जोड़

क्रॉस प्रकार के चढ़ाव जोड़ का उपयोग आंतरिक कैबिनेट फ्रेम और सरल फ्रेमिंग और ब्रेसिंग के लिए किया जाता है। क्रॉस चढ़ाव मूल अर्ध चढ़ाव से काफी मिलता-जुलता है लेकिन उनके बीच मुख्य अंतर यह है कि जोड़ दोनों टुकड़ों के बीच में होता है। टुकड़े एक दूसरे के समकोण पर हैं और एक टुकड़ा दूसरे टुकड़े की किनार पर समाप्त हो सकता है या आगे तक बढ़ाया जा सकता है। जब सदस्यों में से एक पिंडली पर समाप्त हो जाता है तो इसे टी चढ़ाव या मध्य चढ़ाव कहा जाता है। उस स्थिति में जहां दोनों टुकड़े जोड़ से आगे बढ़ते हैं, प्रत्येक टुकड़े में दो कंधे और एक चीक होता है।

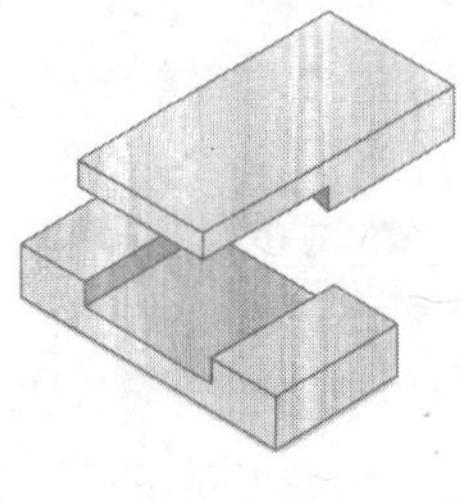

चित्र 2.3: क्रॉस चढ़ाव जोड़

(iii) डवटेल चढ़ाव जोड़

डवटेल चढ़ाव का उपयोग उन चौखटों को तैयार करने के लिए किया जाता है जिन पर लगने तनाव बल जोड़ को अलग कर सकते हैं। जोड़ में एक कटाव होता है जो क्रॉस-पीस से स्टेम को वापस खींचने का विरोध करने के लिए एक कोण पर काटा जाता है।

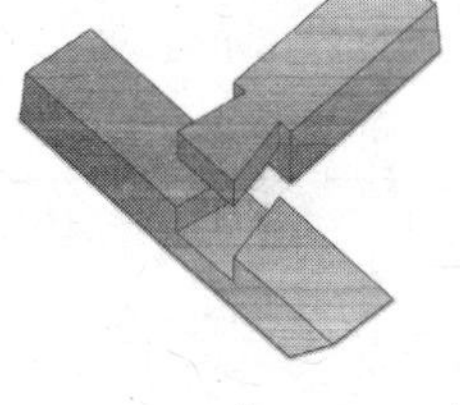

चित्र 2.4: डवटेल चढ़ाव जोड़

(iii) कलमी (मिट्रेड) अर्ध-चढ़ाव जोड़

कलमी अर्ध-चढ़ाव जोड़ का उपयोग दिखाई देने वाली चौखटों (जैसे किसी चित्र की चौखट) के लिए किया जाता है जहां एक कलमी जोड़ की आवश्यकता होती है। ऐसे जोड़ सबसे कमजोर में से एक होता है क्योंकि इसमे चढ़ाव की सतह कम होती है।

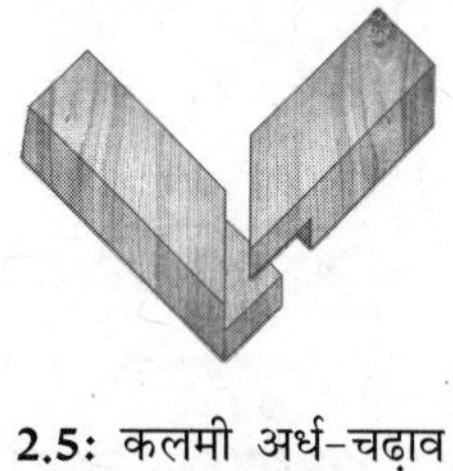

चित्र 2.5: कलमी अर्ध-चढ़ाव जोड़

(iv) अंत चढ़ाव जोड़ (इंड लैप जॉइंट)

अंत चढ़ाव जोड़ को पुल चढ़ाव के रूप में भी जाना जाता है और जब जोड़ एक किनारा बनाता है तो इसे किनारा चढ़ाव भी कहा जाता है, जो कि एक आयाताकार फ्रेम में है। यह चढ़ाव जोड़ का मूल रूप है। जिसका उपयोग टुकड़ों को वह अंत से अंत तक समानांतर या समकोण पर जोड़ने के लिए किया जाता

चित्र 2.6: अंत चढ़ाव जोड़

है। किनारा चढ़ाव अंत चढ़ाव का सबसे सामान्य रूप है और इसका उपयोग फ्रेमिंग में किया जाता है। आधे चढ़ाव में जो टुकड़े समानांतर होते हैं, जोड़ को अर्ध चढ़ाव गांठ कहा जाता है। यह एक गांठ जोड़ है जो छोटे टुकड़ों को अंत से अंत तक जोड़ते समय आच्छादन का एक विकल्प है। अंत चढ़ाव में एक कंधा और एक चीक होता है इस जोड़ का उपयोग उन आंतरिक कैबिनेट फ्रेम्स और बाहरी फ्रेम्स के लिए होता है जहाँ फ्रेम्स के टुकड़ों को आकार देना हो।

2.4 प्रैक्टिकल आउटकम्स (PrO)

इस विषय के पाठ्यक्रम से व्युत्पन्न प्रायोगिक परिणाम:

PrO1: कच्चे माल/कार्यवस्तु को उसके आकार के अनुसार जांचें।

PrO2: अर्ध चढ़ाव जोड़ तैयार करने के लिए उपयुक्त औजारों और उपकरणों का चयन करें।

PrO3: सही प्रक्रिया का पालन करते हुए औजारों/मशीनों/यंत्रों का प्रयोग करें।

PrO4: सुरछित प्राविधि का पालन करें।

PrO5: नेतृत्व कर्ता के रूप में कार्य करें।

PrO6: पर्यावरण के अनुकूल दृष्टिकोण का उपयोग करें।

2.5 प्रायोगिक व्यवस्था (रेखाचित्र/कार्य की स्थिति)

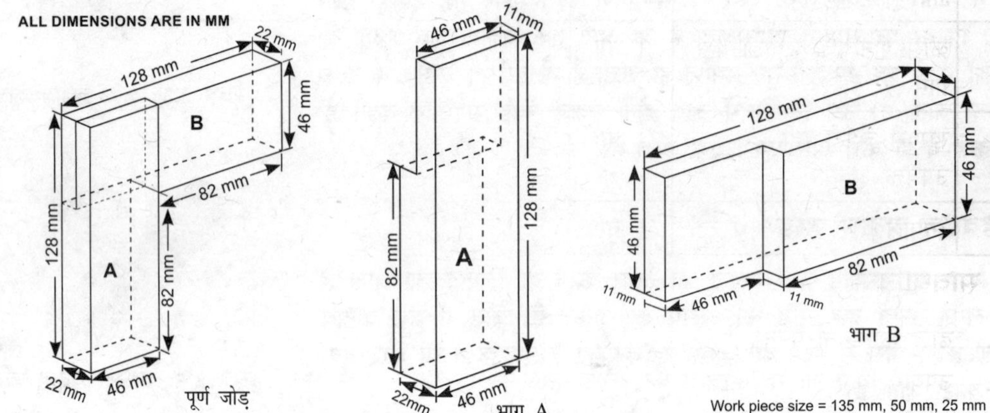

चित्र 2.7: अर्ध चढ़ाव जोड़ विमायें

2.6 आवश्यक संसाधन

क्रमांक	सुझाए गए संसाधन मशीनें/ औजार/यंत्र महत्वपूर्ण विशिष्टताओं के साथ	मात्रा	उपयोग किए गए वास्तविक संसाधन मशीनें/ औजार/ यंत्र विस्तृत विशिष्टताओं के साथ (विद्यार्थी द्वारा भरा जाना है)		टिप्पणी (यदि कोई हो)
			उत्पाद का नाम (मेक)	विवरण	
1.	रंदा 8"	1 नग			
2.	स्टील का फुट्टा 12"	1 नग			

क्रमांक	सुझाए गए संसाधन मशीनें/ औजार/यंत्र महत्वपूर्ण विशिष्टताओं के साथ	मात्रा	उपयोग किए गए वास्तविक संसाधन मशीनें/ औजार/ यंत्र विस्तृत विशिष्टताओं के साथ (विद्यार्थी द्वारा भरा जाना है)		टिप्पणी (यदि कोई हो)
			उत्पाद का नाम (मेक)	विवरण	
3.	अंकन गेज 6"	1 नग			
4.	ट्राई स्क्वायर 8"	1 नग			
5.	चिर आरी 12"	1 नग			
6.	क्लैंप - सामान्य आकार की वस्तुओं को जकड़ने के लिए	1 नग			
7.	क्लैंप शिकंजा- सामान्य आकार की वस्तुओं को जकड़ने के लिए	1 नग			
8.	चौरासी छेनी - 1/2", 3/8" and 1.25"	प्रयेक 1			
9.	क्रॉस पीन/पंजा हथौड़ा-450 ग्राम	1 नग			
10.	खुरदुरी चपटी रेती - उपयुक्त आकार	1 नग			
11.	रेगमाल 120 No/स्मूथ रेती	1 नग			

2.7 सावधानियाँ

1. ढीले कपडें ना पहनें।
2. उपयोग किए जा रहे औजारों को अच्छी तरह से तेज किया जाना चाहिए।
3. सुनिश्चित करें कि कार्यवस्तु गांठों, दरारों और कीलो से मुक्त होना चाहिए।
4. काटने और छेनी का संचालन करते समय औज़ार की दिशा आपके शरीर से हमेशा दूर की तरफ होनी चाहिए।
5. उपयोग करने से पहले सुनिश्चित करें कि हत्थे वाले औजारों के हत्थे ठीक से संलग्न हैं।
6. जो उपकरण उपयोग में नहीं हैं उन्हें हमेशा उनके उचित स्थान पर रखना चाहिए।
7. काटने के दौरान अंगूठे का उपयोग गाइड के रूप में करते समय उचित सावधानी बरतनी चाहिए।

2.8 प्रयोग विधि

1. लकड़ी के दो कार्यवस्तुओं की विमाओं की जाँच करें और नोट करें।
2. बढ़ईगिरी शिकंजा में कार्यवस्तु जकड़ें।
3. कार्यवस्तु की सभी सतहों को तब तक समतल करें जब तक कि जॉब 128 mm × 46 mm × 22 mm के आवश्यक विमाओं को प्राप्त न कर ले।

4. ट्राई स्क्वायर का उपयोग करके वर्गाकारिता की जाँच करें।
5. चरण 2 से 4 का पालन करते हुए दूसरा कार्यवस्तु तैयार करें और टुकड़ों को 'भाग A' और 'भाग B' के रूप में चिह्नित करें जैसा कि चित्र 2.7 में दिखाया गया है।
6. टुकड़ों 'भाग A' और 'भाग B' के कोनों पर दिए गए चित्र के अनुसार एक आयताकार आकार निशान बना लें (यानी 46 mm × 11mm) ताकि अतिरिक्त लकड़ी जिसे एक कोने को आधा चढ़ाव जोड़ बनाने के लिए हटाया जाना है। स्टील के फुट्टे और अंकन गेज का उपयोग करके अंकन किया जाये।
7. चीर आरी का उपयोग करके टुकड़े 'भाग A' और 'भाग B' से अवांछित पदार्थ को काट लें।
8. चौरासी छेनी और रेगमाल का उपयोग करके उन सतहों को चिकना करें जिनसे अतिरिक्त लकड़ी को हटाया गया है।
9. गोंद और कीलो का उपयोग करके टुकड़ों 'भाग A' और 'भाग B' को जोड़ें।

2.9 प्रेक्षण और गणना

(प्रयोग के आधार पर संशोधित किया जा सकता है; विद्यार्थी द्वारा भरा जाना है)

क्रमांक			% त्रुटि
1.			
2.			

2.10 परिणाम एवं/अथवा विवेचना

(विद्यार्थी द्वारा भरा जाना है)

....

....

2.11 निष्कर्ष एवं/अथवा सत्यापन

(विद्यार्थी द्वारा भरा जाना है)

....

....

2.12 प्रयोग संबंधित प्रश्न

(उत्तर के लिए अलग पुस्तिका का प्रयोग करें)

नोट: नीचे संदर्भ के लिए कुछ नमूना प्रश्न दिए गए हैं। पूर्व-निर्धारित पाठ्यक्रम परिणाम की उपलब्धि सुनिश्चित करने के लिए शिक्षकों को ऐसे और प्रश्न तैयार करने चाहिए।

1. बढ़ईगिरी शाला में उपयोग आने वाले महत्वपूर्ण औजारों के नाम बताएं?
2. दिए गए जोड़ के लिए प्रयुक्त लकड़ी के तख़्त/कार्यवस्तु में इस प्रयोग में समतल सतह होनी चाहिए? कारण बताईये।
3. पूर्ण चढ़ाव जोड़ या अर्ध चढ़ाव जोड़ में से अधिक मजबूत कौन सा जोड़ है?
4. किन्हीं दो प्रकार के चढ़ाव जोड़ों का घरेलू/औद्योगिक अनुप्रयोग दीजिए।
5. साफ चित्र की मदद से चीर आरी की व्याख्या करें।

2.13 अपशिष्ट का निपटान

(विद्यार्थी द्वारा भरा जाना है)

इस प्रयोग में फेंके जाने वाले अपशिष्ट पदार्थों को निम्नलिखित कूड़ेदानों में वर्गीकृत करें:

अपशिष्ट के प्रकार	डिब्बे (Bin) का रंग	विवरण
बायोडिग्रेडेबल अपशिष्ट	हरा	
ई- अपशिष्ट	काला	
प्लास्टिक एवं धातु अपशिष्ट	नीला	
अन्य		

2.14 पर्यावरण के अनुकूल दृष्टिकोण: कम उपयोग (रिड्युज), पुनः उपयोग (रियूज) और पुनर्चक्रण (रिसायकल)

विमाओं को उचित रूप से कम करके इस प्रयोग में कार्यवस्तु का पुनः उपयोग किया जा सकता है।

2.15 अध्ययन हेतु सुझाए गए संसाधन

1. Workshop Practice Vol-I by Hazra & Choudhary, Media Promotors & Publishers Pvt. Ltd., Delhi, Latest Edition
2. Workshop Practice Vol-I by Raghuvanshi, Dhanpat Rai & Sons, Delhi, Latest Edition

बढ़ईगिरि जोड़

अर्धचढ़ाव जोड़

2.16 सुझाई गई मूल्यांकन योजना

(शिक्षक द्वारा भरा जाना है)

दिए गए प्रदर्शन सूचक, प्रक्रिया और उत्पाद से संबंधित मूल्यांकन के लिए एक दिशानिर्देश के रूप में कार्य करेंगे।

प्रदर्शन सूचक		भारिता (वेटेज)	दिए गए अंक
प्रक्रिया संबंधित : 6 अंक - 60%			
1.	अंकन और कर्तन	15%	
2.	औजारों/उपकरणों को संभालना	20%	
3.	उपयुक्त गेज/उपकरण का उपयोग करके जोड़ तैयार करने से पहले कार्यवस्तु की जांच करना।	10%	
4.	दल के रूप में काम करना	5%	
5.	सुरक्षित प्रविधि का पालन करना	5%	
6.	पर्यावरण के अनुकूल दृष्टिकोण का अभ्यास करना	5%	

प्रदर्शन सूचक		भारिता (वेटेज)	दिए गए अंक
उत्पाद संबंधित : 4 अंक - 40%			
7.	लेखन परिणाम और/या व्याख्या	5%	
8.	परिणाम की व्याख्या	5%	
9.	लेखन निष्कर्ष	10%	
10.	प्रयोग संबंधित प्रश्नों के उत्तर देना	15%	
11.	बनाई गई अभ्यास पुस्तिका को समय पर जमा करना	5%	
	कुल	**100%**	

**उत्पाद और प्रक्रिया मूल्यांकन के लिए अंक और प्रतिशत भार शिक्षक द्वारा तय किया जाएगा।*

विद्यार्थी का नामः .... दिए गए अंक			शिक्षक के हस्ताक्षर एवं दिनांक
प्रक्रिया संबंधित	परिणाम संबंधित	कुल	

P3 खांचा और चूल जोड़

3.1 प्रायोगिक कथन

दिए गए विमाओं के अनुसार खांचा और चूल (मोर्टिज़ एंड टेनन) जोड़ तैयार करने के लिए उपयुक्त औजारों और यंत्रों का उपयोग करें।

3.2 प्रायोगिक महत्व

विनिर्माण क्षेत्र और उद्योगों में जहां समकोण पर दो हिस्सों को जोड़ना हो, वहा खांचा और चूल जोड़ का उपयोग लकड़ी या अन्य पदार्थ के टुकड़ों को जोड़ने के लिए किया जाता है। खांचा और चूल जोड़ को आमतौर पर गोंद के उपयोग के बिना फिट करने के लिए उपयोग किया जाता है यह लकड़ी को नमी के कारण प्रसारित और संकुचित होने देता है। चूल और खांचा जोड़ लकड़ी के कामो में सबसे मजबूत जोड़ों में से एक है, जिसका उपयोग लकड़ी के फ्रेम निर्माण, कुर्सी, टेबल,और अन्य फर्नीचर के लिए किया जाता है।

3.3 प्रासंगिक सिद्धांत

यह दो भागो से मिल कर बना एक जोड़ है। जोड़ का "चूल" भाग खूंटी के रूप में कार्य करता है, और "खांचा" वह छेद या विवर है जिसमें चूल डाला जाता है जैसा की चित्र 3.1 में दिखाया गया है।

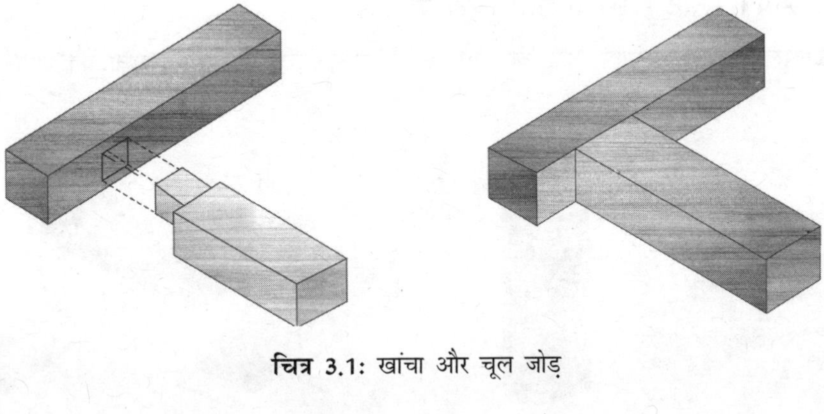

चित्र 3.1: खांचा और चूल जोड़

3.3.1 खांचा और चूल जोड़ के अनुप्रयोग

खांचा और चूल जोड़ का उपयोग लकड़ी की खाट टेबल और कैबिनेट असेंबली एवं कुर्सी बनाने के लिए किया जाता है।

3.3.2 खांचा और चूल जोड़ के प्रकार

विभिन्न अनुप्रयोगों के लिए लकड़ी के काम में उपयोग किये जाने वाले खांचा और चूल जोड़ के प्रकार निम्नलिखित है:

(i) आर पार (थ्रू) खांचा और चूल जोड़

जब 'चूल पूरी तरह से खांचा' से होकर गुजरता है और सतह पर प्रक्षेपित होता है। (चित्र 3.2)

(ii) ठूंठ (स्टूब) खांचा और चूल जोड़

जब 'चूल, खांचा से पूरी तरह से नहीं गुजरता है। इसलिए एक बार जोड़ को जोड़ने के बाद चूल दिखाई नही देता है। (चित्र 3.3)

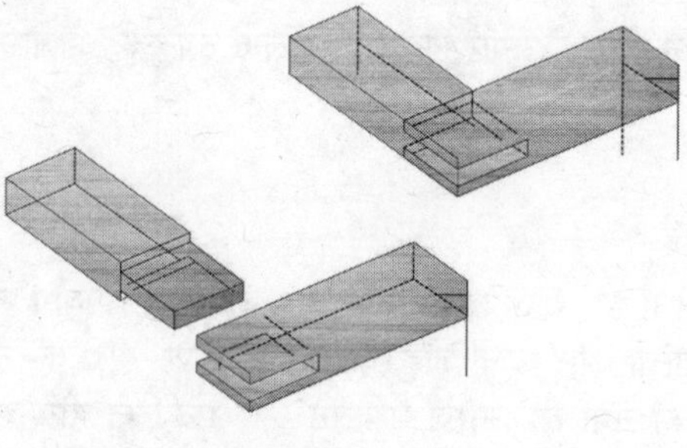

चित्र 3.2: आर पार खांचा और चूल जोड़

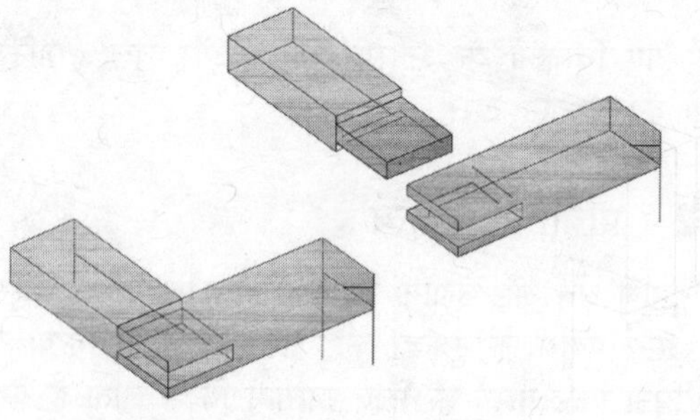

चित्र 3.3: ठूंठ खांचा और चूल जोड़

(iii) रान (हॉन्च्ड) खांचा और चूल जोड़

जब खांचा पूरी गहराई तक नहीं फैलता है और उथले हिस्से को इस उद्देश्य के लिए छोड़े गए चूल के प्रक्षेपण से भर दिया जाता है। (चित्र 3.4)

(iv) खुला (ओपन स्लॉट) खांचा और चूल जोड़

खुला खांचा और चूल जोड़ को लगाम जोड़ के नाम से भी जाना जाता है। इसमें खांचा का शीर्ष खुला रहता है। (चित्र 3.5)

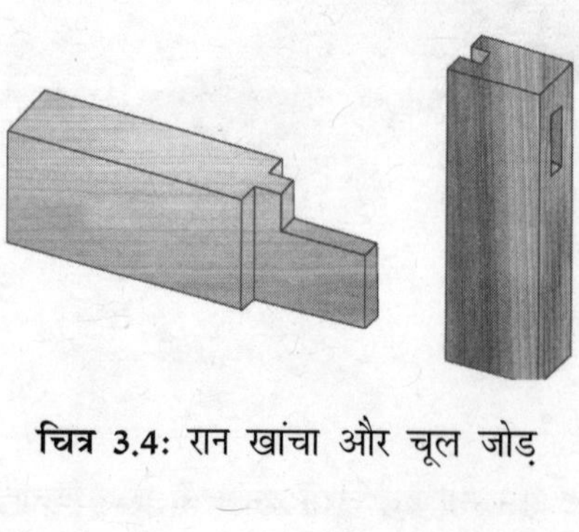

चित्र 3.4: रान खांचा और चूल जोड़

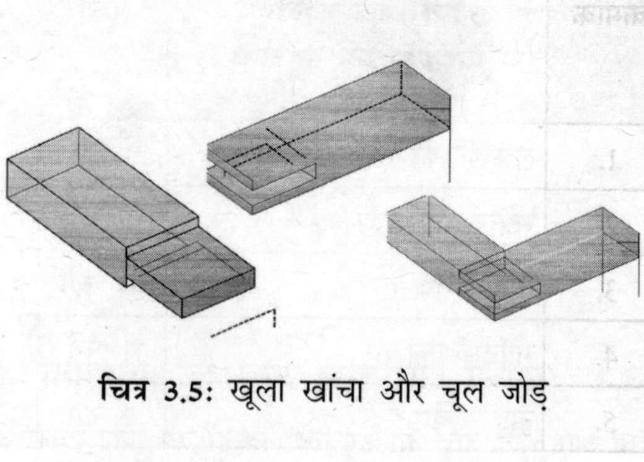

चित्र 3.5: खूला खांचा और चूल जोड़

3.4 प्रैक्टिकल आउटकम्स (PrO)

इस विषय के पाठ्यक्रम से व्युत्पन्न प्रायोगिक परिणाम:

PrO1: कच्चे माल/कार्यवस्तु को उसके आकार के अनुसार जांचें।

PrO2: खांचा और चूल जोड़ को तैयार करने के लिए उपयुक्त उपकरणों और यंत्रों का चयन करें।

PrO3: सही प्रक्रिया का पालन करते हुए औजारों/मशीनों/यंत्रों का उपयोग करें।

PrO4: सुरक्षित प्रविधि का पालन करे।

PrO5: नेतृत्व कर्ता के रूप में काम करें।

PrO6: पर्यावरण के अनुकूल दृष्टिकोंण का उपयोग करे।

3.5 प्रायोगिक व्यवस्था (स्केच/कार्य स्थिति)

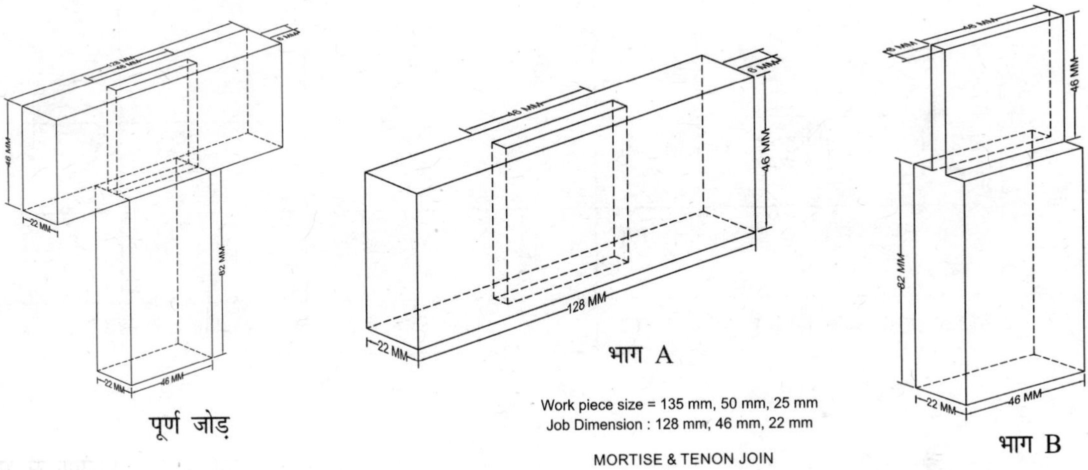

चित्र 3.6: खांचा और चूल जोड़ के लिय वस्तु की विमाये

3.6 आवश्यक संसाधन

क्रमांक	सुझाए गए संसाधन मशीनें/औजार/यंत्र महत्वपूर्ण विशिष्टताओं के साथ	मात्रा	उपयोग किए गए वास्तविक संसाधन मशीनें/औजार/यंत्र विस्तृत विशिष्टताओं के साथ (विद्यार्थी द्वारा भरा जाना है)		टिप्पणी (यदि कोई हो)
			उत्पाद का नाम (मेक)	विवरण	
1.	लकड़ी का रंदा 8"	1 नग			
2.	स्टील का फुट्टा 12"	1 नग			
3.	अंकन गेज 6"	1 नग			
4.	मोर्टिस गेज 6"	1 नग			
5.	ट्राई स्क्वायर 8"	1 नग			

क्रमांक	सुझाए गए संसाधन मशीनें/ औजार/यंत्र महत्वपूर्ण विशिष्टताओं के साथ	मात्रा	उपयोग किए गए वास्तविक संसाधन मशीनें/ औजार/यंत्र विस्तृत विशिष्टताओं के साथ (विद्यार्थी द्वारा भरा जाना है)		टिप्पणी (यदि कोई हो)
			उत्पाद का नाम (मेक)	विवरण	
6.	चिर आरी 12"	1 नग			
7.	चूल आरी (टेनन सॉ) – उपयुक्त आकार का	1 नग			
8.	बढ़ईगिरी शिकंजा – सामान्य आकार की वस्तुओं को जकड़ने के लिए	प्रत्येक 1			
9.	चौरासी छेनी- 1/2", 3/8" और 1.25"	1 नग			
10.	क्रॉस पीन/पंजा हथौड़ा- 450 ग्राम	1 नग			
11.	खुरदरी चपटी रेती – उपयुक्त आकार का	1 नग			
12.	रेगमाल 120 न./स्मूथ रेती	1 नग			

3.7 सावधानियाँ

1. ढीले कपड़े ना पहने।
2. उपयोग किए जा रहे औजारों को अच्छी तरह से तेज किया जाना चाहिए।
3. सुनिश्चित करें कि कार्यवस्तु गांठों, दरारों और कीलों से मुक्त होना चाहिए।
4. कर्तन और छेनी का चालन करते समय उपकरण की दिशा हमेशा अपने शरीर से दूर की तरफ रहनी चाहिए।
5. सुनिश्चित करें कि टूल का हत्था उपकरण का उपयोग करने से पहले उसके साथ ठीक से जुड़े हुए हो।
6. जो उपकरण उपयोग में नहीं हैं उन्हें हमेशा उनके उचित स्थान पर रखना चाहिए।
7. काटने के दौरान अंगूठे का प्रयोग करते समय सावधानी बरतनी चाहिए।

3.8 प्रयोग विधि

1. लकड़ी के दो जॉब के टुकड़ों की विमाओ की जाँच करें और नोट करें।
2. जॉब को बढ़ईगिरी शिकंजा में मजबूती से जकड़े।
3. कार्यवस्तु की सभी सतहों को तब तक समतल करें जब तक कि जॉब 128 mm × 46 mm × 22 mm के आवश्यक विमाओ को प्राप्त न कर ले और ट्राइ स्क्वायर का उपयोग करके शुद्धता की जांच करें।
4. सभी सतहों की उनके आसन्न सतहों के साथ वर्गाकारिता की जाँच करें।

5. चरण 2 से 4 का पालन करके दूसरा कार्यवस्तु तैयार करें। टुकड़ों को 'भाग A' और 'भाग B' के रूप में चिह्नित करें।
6. दिए गए आयामों के अनुसार चूल के लिए 'भाग A' और खांचा के लिए 'भाग B' चिह्नित करें। (चित्र 3.6)
7. छेनी और लकड़ी के हथौड़े का उपयोग करके खांचा को पूरी गहराई में काटें।
8. चूल की चौड़ाई बनाए रखने के लिए चौरासी छेनी का प्रयोग करें।
9. यदि आवश्यक हो तो रास्य रेती का उपयोग करके खांचा के किनारों को साफ करें।
10. रेगमाल से सतहों को चिकना बनाएं।
11. चित्र 3.6 के अनुसार टुकड़ों 'भाग A' और 'भाग B' को मजबूती से मिलाएं।

3.9 प्रेक्षण और गणना

(प्रयोग के आधार पर संशोधित किया जा सकता है; विद्यार्थी द्वारा भरा जाना है)

क्रमांक			% त्रुटि
1.			
2.			

3.10 परिणाम एवं/अथवा विवेचना

(विद्यार्थी द्वारा भरा जाना है)

....

....

3.11 निष्कर्ष एवं/अथवा सत्यापन

(विद्यार्थी द्वारा भरा जाना है)

....

....

3.12 प्रयोग संबंधित प्रश्न

(उत्तर के लिए अलग पुस्तिका का प्रयोग करें)

नोटः नीचे संदर्भ के लिए कुछ नमूना प्रश्न दिए गए हैं। पूर्व-निर्धारित पाठ्यक्रम परिणाम की उपलब्धि सुनिश्चित करने के लिए शिक्षकों को ऐसे और प्रश्न तैयार करने चाहिए।

1. क्या अन्य काष्ठ जोड़ों को इन्ही संसाधनों का उपयोग करके तैयार किया जा सकता है? अपने उत्तर को उचित सिद्ध कीजिए।
2. खांचा एवम् चूल जोड़ के किन्हीं दो प्रकारों की सचित्र व्याख्या करें।
3. खांचा एवम् चूल जोड़ के किन्हीं दो प्रकारों के आद्योगिक अनुप्रयोग लिखिये।
4. चूल आरी की सचित्र व्याख्या करें।
5. खाँचा गेज की सचित्र व्याख्या करें।

3.13 अपशिष्ट का निपटान

(विद्यार्थी द्वारा भरा जाना है)

इस प्रयोग में फेंके जाने वाले अपशिष्ट पदार्थों को निम्नलिखित कूड़ेदानों में वर्गीकृत करें:

अपशिष्ट के प्रकार	डब्बे (Bin) का रंग	विवरण
बायोडिग्रेडेबल अपशिष्ट	हरा	
ई- अपशिष्ट	काला	
प्लास्टिक एवं धातु अपशिष्ट	नीला	
अन्य		

3.14 पर्यावरण के अनुकूल दृष्टिकोण: कम उपयोग (रिड्युज), पुनः उपयोग (रियूज) और पुनर्चक्रण (रिसायकल)

विमाओं को उचित रूप से कम करके इस प्रयोग में कार्यवस्तु का पुनः उपयोग किया जा सकता है।

3.15 अध्ययन हेतु सुझाए गए संसाधन

1. Workshop Practice Vol-I by Hazra & Choudhary, Media Promotors & Publishers Pvt. Ltd., Delhi, Latest Edition
2. Workshop Practice Vol-I by Raghuvanshi, Dhanpat Rai & Sons, Delhi, Latest Edition

खाँचा और चूल जोड़ बनाना

खाँचा और चूल जोड़ बनाना

3.16 सुझाई गई मूल्यांकन योजना

(शिक्षक द्वारा भरा जाना है)

दिए गए प्रदर्शन सूचक, प्रक्रिया और उत्पाद से संबंधित मूल्यांकन के लिए एक दिशानिर्देश के रूप में कार्य करेंगे।

	प्रदर्शन सूचक	भारिता (वेटेज)	दिए गए अंक
प्रक्रिया संबंधित: 6 अंक - 60%			
1.	अंकन और कर्तन	15%	
2.	औजारों/उपकरणों को संभालना	20%	
3.	उपयुक्त गेज/उपकरण का उपयोग करके जोड़ तैयार करने से पहले कार्यवस्तु की जांच करना।	10%	
4.	दल के रूप में काम करना	5%	
5.	सुरक्षित प्रविधि का पालन करना	5%	
6.	पर्यावरण के अनुकूल दृष्टिकोण का अभ्यास करना	5%	

प्रदर्शन सूचक		भारिता (वेटेज)	दिए गए अंक
उत्पाद संबंधित : 4 अंक - 40%			
7.	लेखन परिणाम और/या व्याख्या	5%	
8.	परिणाम की व्याख्या	5%	
9.	लेखन निष्कर्ष	10%	
10.	प्रयोग संबंधित प्रश्नों के उत्तर देना	15%	
11.	बनाई गई अभ्यास पुस्तिका को समय पर जमा करना	5%	
	कुल	**100%**	

**उत्पाद और प्रक्रिया मूल्यांकन के लिए अंक और प्रतिशत भार शिक्षक द्वारा तय किया जाएगा।*

विद्यार्थी का नामः .... दिए गए अंक			**शिक्षक के हस्ताक्षर एवं दिनांक**
प्रक्रिया संबंधित	उत्पाद संबंधित	कुल	

P4 डवटेल जोड़

4.1 प्रायोगिक कथन

दिए गए विमाओं के अनुसार डवटेल जोड़ तैयार करने के लिए उपयुक्त औजारों और यंत्रों का उपयोग करें।

4.2 प्रायोगिक महत्व

एक डवटेल जोड़ आमतौर पर लकड़ी के अनुप्रयोगों में उपयोग किया जाता है क्योंकि ये जोड़ काफी मजबूत होते है और इन्हें आसानी से बनाया जा सकता है। यह फर्नीचर के दो लकड़ी के टुकड़ों को जोड़ता है जिसका उपयोग कई फर्नीचर की वस्तुओं में मजबूती और लंबे समय तक फिट रहने के लिए किया जाता है। इसलिए इस प्रयोग को करने से विद्यार्थी को जोड़ की सत्यता और उस कार्य को करने में लगने वाले समय का अंदाजा हो जाएगा।

4.3 प्रासंगिक सिद्धांत

4.3.1 डवटेल जोड़

यह एक लकड़ी के टुकड़े पर एक या एक से अधिक शुंडाकर बहिर्गत भाग द्वारा गठित जोड़ है जो दूसरे टुकड़े में संबंधित खांचे के साथ अंत:बध्द होता है। इसे बढ़ई द्वारा उपयोग की जाने वाली इंटरलॉकिंग जॉइनरी तकनीक के रूप में भी जाना जाता है। डवटेल जोड़ एक साथ गूंथने के लिए पिन और पूंछ का उपयोग करते हैं जहां एक तरफ एक पिन होता है जो दूसरी तरफ की पूंछ में बंद हो जाता है, और फिर एक ठोस डवटेल निर्माण के लिए एक साथ चिपक जाता है।

पिन और पूंछ के आकार के कारण डवटेल जोड़ बेहद मजबूत होते हैं। इंटरलॉकिंग पिन और पूंछ जोड़ को अलग करना अधिक कठिन बनाते है और गोंद लगा के चिपकाने के बाद इनको खीच के अलग करना लगभग असंभव हो जाता है।

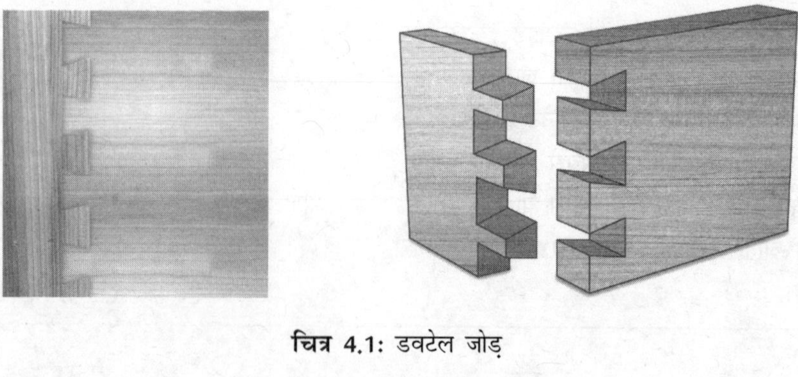

चित्र 4.1: डवटेल जोड़

4.3.2 डवटेल जोड़ के अनुप्रयोग

डवटेल जोड़ों का उपयोग कैबिनेट, फर्नीचर, दराज, लकड़ी के घर, लकड़ी के फ्रेमिंग आदि बनाने में किया जाता है। डवटेल जोड़ों को उनकी ताकत और स्थायित्व के लिए जाना जाता है। डवटेल जोड़ों का उपयोग आमतौर पर ज्वेलरी बॉक्स, डवटेल दराज, फर्नीचर और कैबिनेट में किया जाता है जहाँ अधिक मजबूती की आवश्यकता होती है।

4.3.3 डवटेल जोड़ के प्रकार

काष्ठकारी प्रक्रियाओं में निम्नलिखित प्रकार के डवटेल जोड़ों का उपयोग किया जाता है..

(i) आर पार (थ्रो) डवटेल जोड़

एक सीधा जोड़ जिसमें लकड़ी के दोनों टुकड़ों का अंतिम सिरा दिखाई देता है उसे सीधा डोवेटेल जोड़ कहते हैं। डोवेटेल जोड़ों का बॉक्स निर्माण और ढांचे की रूपरेखा बनाने में सबसे अधिक उपयोग किया जाता है। इस जोड़ को लकड़ी के काम करने वाले समुदाय में कई लोगों द्वारा सादा डवटेल भी कहा जाता है। पुराने समय में दिखाई देने वाले अंतिम सिरों को लकड़ी के तहदार पत्तर से ढक दिया जाता था। आज ये असाधारण गुणवत्ता के प्रतीक हैं और गर्व के साथ दिखायी देते हैं।

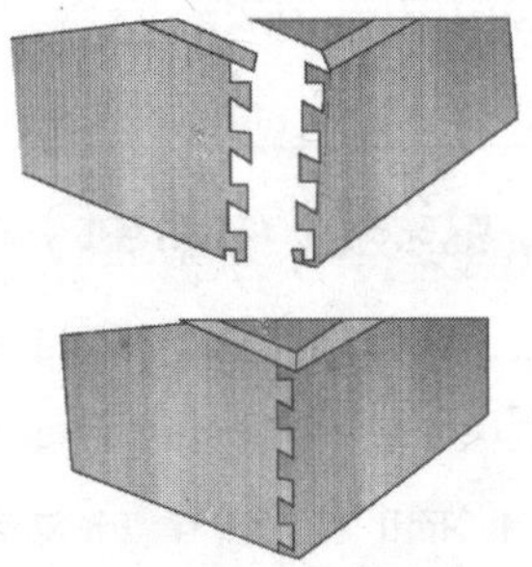

चित्र 4.2: सीधा डवटेल जोड़

(ii) हाफ ब्लाइंड डवटेल जोड़

हाफ-ब्लाइंड डवटेल जोड़ को एकाकी चढ़ाव डवटेल जोड़ के रूप में भी जाना जाता है, जो सीधा डवटेल जोड़ के बिल्कुल विपरीत होता है क्योंकि बोर्ड पर लकड़ी का अंतिम सिरा दिखाई नहीं देता है। सॉकेट्स बोर्ड के अंत में पूंछ रखते हैं ताकि डवटेल के सिरे अदृश्य हों। हाफ-ब्लाइंड डवटेल जोड़ों का उपयोग आमतौर पर दराज के अग्रभाग को जोड़ने के लिए किया जाता है।

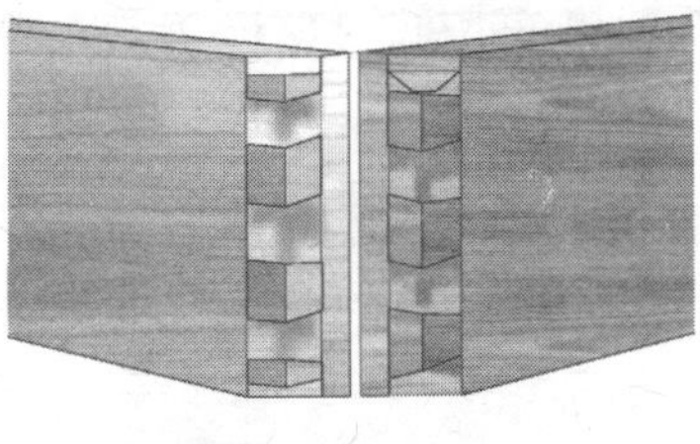

चित्र 4.3: हाफ ब्लाइंड डवटेल जोड़

(iii) गुप्त कलमी (सीक्रेट मित्रेड) डवटेल जोड

एक गुप्त कलमी जोड़ को फुल-ब्लाइंड कलमी डवटेल और फुल-ब्लाइंड डवटल जोड़ के रूप में भी जाना जाता है। गुप्त कलमी जोड़ों का उपयोग बॉक्स वर्क और कैबिनेट निर्माण में किया जाता है और ये सभी डवटेल जोड़ों में से सबसे अच्छी ताकत प्रदान करता है। इन जोड़ों का उपयोग बॉक्स के काम या उत्कृष्ट कैबिनेट निर्माण के लिए किया जाता है जहाँ दिखाई ना देने वाले मजबूत जोड़ की जरूरत होती है।

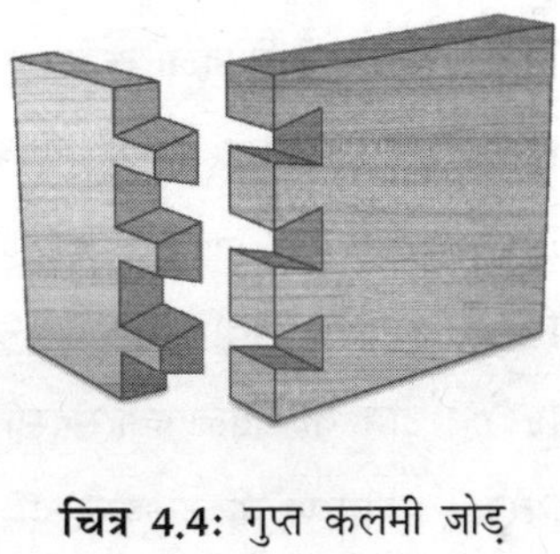

चित्र 4.4: गुप्त कलमी जोड़

(iv) गुप्त युग्म चढ़ाव डवटेल जोड़

गुप्त युग्म चढ़ाव जोड़ की तरह होता है, लेकिन जोड़ के एक किनारे पर लकड़ी का अंतिम सिरा दृश्य होता है। यह गुप्त कलमी डवटेल के समान होता है, लेकिन जोड़ के एक किनारे पर लकड़ी के काष्ठ रेखा को प्रस्तुत करता है। गुप्त युग्म चढ़ाव जोड़ों का उपयोग बॉक्स निर्माण और ढांचा निर्माण के लिए और डवटेल को छिपाने के लिए किया जाता है।

चित्र 4.5: गुप्त युग्म चढ़ाव डवटेल जोड़

(v) सरकवां (स्लाइडिंग) डवटेल जोड़

सरकवां डवटेल जोड़ 90° कोणों पर 2 लकड़ी के बोर्डो को जोड़कर बनाया जाता है, जिसके कारण वे अन्य प्रकार के डवटेल जोड़ों से अलग होते हैं। वे एक बोर्ड की पूंछ को दूसरे के मध्य खांचे में खिसकाकर प्रतिच्छेद करते हैं। सरकवां डवटेल जोड़ों को आमतौर पर फ्रेंच डवटेल जोड़ों के रूप में जाना जाता है। सरकवां जोड़ों का उपयोग आमतौर पर संयुक्त कैबिनेट पक्षों से लेकर अलमारियों, कैबिनेट बॉटम्स के साइड, अलमारियों के क्षैतिज विभाजन, टेबल फ्रेम, के विभिन्न भाग, दराज के सामने का साइड, वेदिका के कैबिनेट साइड्स, गिटार और वायलिन के मुख्य भाग और गर्दन के लिए किया जाता है।

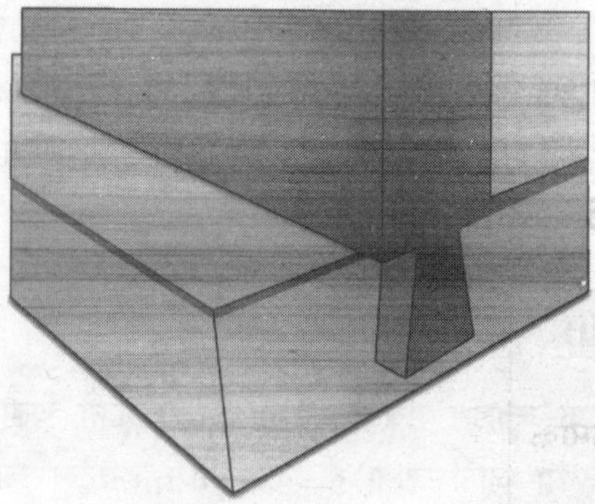

चित्र 4.6: सरकवा डवटेल जोड़

4.4 प्रैक्टिकल आउटकम्स (PrO)

इस विषय के परिणाम-आधारित पाठ्यक्रम से लिया गया व्यावहारिक परिणाम मुख्य रूप से सीखने के साइकोमोटर डोमेन से अधिक संबंधित है:

PrO1: दिए गए विमाओं के अनुसार डवटेल जोड़ तैयार करने के लिए उपयुक्त औजारों और यंत्रों का उपयोग करें।

PrO2: सही प्रक्रिया का पालन करके औजारों और उपकरणों का उपयोग करें।

PrO3: तैयार डवटेल जोड़ को उसके आकार और फिट के अनुसार जांचें।

PrO4: सुरक्षित प्रविधि का पालन करें।

PrO5: टीम के नेतृत्वकर्ता/सदस्य के रूप में काम करें।

PrO6: पर्यावरण के अनुकूल दृष्टिकोण का उपयोग करें।

4.5 प्रायोगिक व्यवस्था (स्केच/कार्य स्थिति)

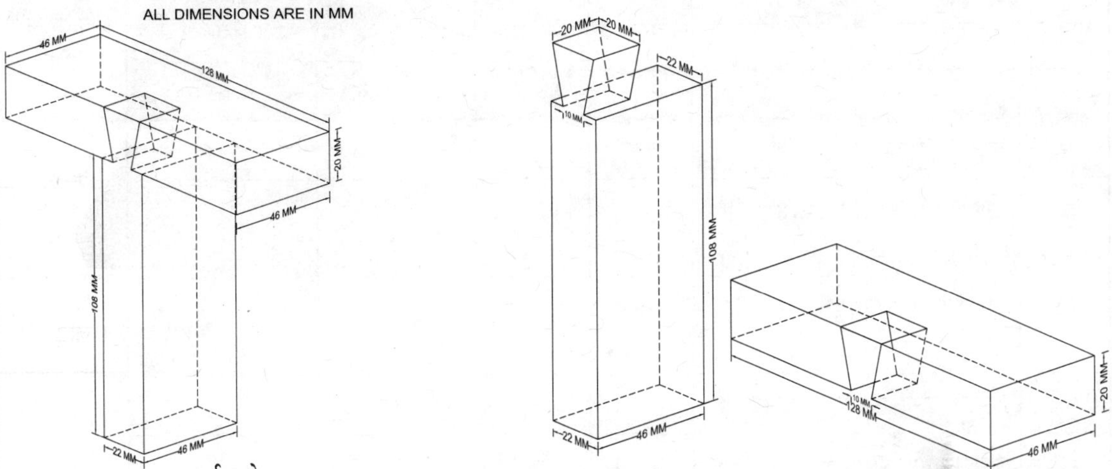

पूर्ण जोड़ भाग A भाग B

चित्र 4.7: डवटेल जोड़ के लिए कार्यवस्तु की विमायें

4.6 आवश्यक संसाधन

क्रमांक	सुझाए गए संसाधन मशीनें/ औजार/यंत्र महत्वपूर्ण विशिष्टताओं के साथ	मात्रा	उपयोग किये गए वास्तविक संसाधन मशीनें/ औजार/ यंत्र विस्तृत विशिष्टताओं के साथ (विद्यार्थी द्वारा भरा जाना है)		टिप्पणी (यदि कोई हो)
			उत्पाद का नाम (मेक)	विवरण	
1.	रंदा 8"	1 नग			
2.	स्टील का फुट्टा 12"	1 नग			
3.	अंकन गेज 6"	1 नग			
4.	ट्राई स्क्वायर 8"	1 नग			
5.	चिर आरी 12"	1 नग			
6.	बढ़ईगिरी शिकंजा – सामान्य आकार की वस्तुओं को जकड़ने के लिए	1 नग			
7.	क्लैंप-सामान्य आकार की वस्तुओं को जकड़ने के लिए	1 नग			

क्रमांक	सुझाए गए संसाधन मशीनें/ औजार/यंत्र महत्वपूर्ण विशिष्टताओं के साथ	मात्रा	उपयोग किये गए वास्तविक संसाधन मशीनें/ औजार/ यंत्र विस्तृत विशिष्टताओं के साथ (विद्यार्थी द्वारा भरा जाना है)		टिप्पणी (यदि कोई हो)
			उत्पाद का नाम (मेक)	विवरण	
8.	क्रॉस पीन/पंजा हथौड़ा- 450gms	प्रत्येक 1			
9.	चौरासी छेनी- 1/2", 3/8" और 1.25"	1 नग			
10.	बढ़ईगिरी रेती-उपयुक्त आकार का	1 नग			
11.	डवटेल छेनी-उपयुक्त आकार का	1 नग			
12.	रेगमाल 120 No./या स्मूथ रेती	1 नग			

4.7 सावधानियाँ

1. ढीले कपड़े ना पहने।
2. उपयोग किए जा रहे औजारों को अच्छी तरह से तेज किया जाना चाहिए।
3. सुनिश्चित करें कि कार्यवस्तु गांठों, दरारों और कीलो से मुक्त होना चाहिए।
4. कर्तन और छैनी का चालन करते समय उपकरण की दिशा हमेशा आपके शरीर से दूर की तरफ होनी चाहिए।
5. सुनिश्चित करें कि उपकरण का हत्था उपकरण का उपयोग करने से पहले उसके साथ ठीक से जुड़े हुए हैं।
6. जो उपकरण उपयोग में नहीं हैं उन्हें हमेशा उनके उचित स्थान पर रखना चाहिए।
7. काटने के दौरान अंगूठे का उपयोग गाइड के रूप में करते समय उचित सावधानी बरतनी चाहिए।

4.8 प्रयोग विधि

1. दिए गए लकड़ी के कार्यवस्तु की विमाओं की जांच करें और नोट करें।
2. बढ़ईगीरी शिकंजा में कार्य को जकड़े।
3. कार्यवस्तु की सभी सतहों को तब तक समतल करें जब तक कि कार्य 128 mm × 46 mm × 22 mm के वांछित विमाओ को प्राप्त न कर ले।
4. ट्राय स्क्वायर का उपयोग करके कार्य के वर्गाकारिता की जाँच करें।
5. चरण 2 से 4 का पालन करके दूसरा कार्यवस्तु तैयार करें और टुकड़ों को 'भाग A' और 'भाग B' के रूप में चिह्नित करें।
6. अंकन गेज को सेट करें और लाइनों को 46 mm और 22 mm पर चिह्नित करें जैसा कि चित्र 4.7 में दिखाया गया है।

7. अतिरिक्त पदार्थ को छेनी द्वारा हटा दिया जाता है और फिर रेखाचित्र के अनुसार कार्यवस्तु को सही आकार में समतल करें।
8. टुकड़े 'भाग A' और 'भाग B' के एक दूसरे से समागम होने वाले आयाम को स्केच के अनुसार चिह्नित करें। (चित्र 4.7)
9. दोनों भागों के सिरों को छेनी द्वारा आवश्यक लंबाई तक सटीक रूप से सुधारा जाता है।
10. थोड़ा तंग जोड़ प्राप्त करने के लिए टुकड़े 'भाग A' और 'भाग B' को मिलाएं।

4.9 प्रेक्षण और गणना

(प्रयोग के आधार पर संशोधित किया जा सकता है; विद्यार्थी द्वारा भरा जाना है)

क्रमांक			% त्रुटि
1.			
2.			

4.10 परिणाम एवं/अथवा विवेचना

(विद्यार्थी द्वारा भरा जाना है)

....

....

4.11 निष्कर्ष एवं/अथवा सत्यापन

(विद्यार्थी द्वारा भरा जाना है)

....

....

4.12 प्रयोग संबंधित प्रश्न

(उत्तर के लिए अलग पुस्तिका का प्रयोग करें)

नोट: नीचे संदर्भ के लिए कुछ नमूना प्रश्न दिए गए हैं। पूर्व-निर्धारित पाठ्यक्रम परिणाम की उपलब्धि सुनिश्चित करने के लिए शिक्षकों को ऐसे और प्रश्न तैयार करने चाहिए।

1. किन्हीं दो प्रकार के डवटेल जोड़ों का वर्णन स्वच्छ रेखाचित्र के साथ कीजिए।
2. डवटेल जोड़ बनाने में आपने किन सावधानियों का पालन किया है?
3. डवतेल जोड़ के किन्ही पांच घरेलू/औद्योगिक अनुप्रयोगों के नाम बताईये।
4. डवटेल छेनी की सचित्र व्याख्या करें।
5. प्रैक्टिकल कार्य के दौरान अनुसरण किये गए महत्वपूर्ण सावधानियों को लिखें।

4.13 अपशिष्ट का निपटान

(विद्यार्थी द्वारा भरा जाना है)

इस प्रयोग में फेंके जाने वाले अपशिष्ट पदार्थों को निम्नलिखित कूड़ेदानों में वर्गीकृत करें:

अपशिष्ट के प्रकार	डब्बे (Bin) का रंग	विवरण
बायोडिग्रेडेबल अपशिष्ट	हरा	
ई- अपशिष्ट	काला	
प्लास्टिक एवं धातु अपशिष्ट	नीला	
अन्य		

4.14 पर्यावरण के अनुकूल दृष्टिकोण: कम उपयोग (रिड्युज), पुन: उपयोग (रियूज) और पुनर्चक्रण (रिसायकल)

विमाओं को उचित रूप से कम करके इस प्रयोग में कार्यवस्तु का पुन: उपयोग किया जा सकता है।

4.15 अध्ययन हेतु सुझाए गए संसाधन

1. Workshop Practice Vol-I by Hazra & Choudhary, Media Promotors & Publishers Pvt. Ltd., Delhi, Latest Edition
2. Workshop Practice Vol-I by Raghuvanshi, Dhanpat Rai & Sons, Delhi, Latest Edition

4.16 सुझाई गई मूल्यांकन योजना

(शिक्षक द्वारा भरा जाना है)

दिए गए प्रदर्शन सूचक, प्रक्रिया और उत्पाद से संबंधित मूल्यांकन के लिए एक दिशानिर्देश के रूप में कार्य करेंगे।

प्रदर्शन सूचक		भारिता (वेटेज)	दिए गए अंक
प्रक्रिया संबंधित: 6 अंक - 60%			
1.	अंकन और कर्तन	15%	
2.	औजारों/उपकरणों को संभालना	20%	
3.	उपयुक्त गेज/उपकरण का उपयोग करके जोड़ तैयार करने से पहले कार्यवस्तु की जांच करना।	10%	
4.	दल के रूप में काम करना	5%	
5.	सुरक्षित प्रविधि का पालन करना	5%	
6.	पर्यावरण के अनुकूल दृष्टिकोण का अभ्यास करना	5%	

प्रदर्शन सूचक		भारिता (वेटेज)	दिए गए अंक
उत्पाद संबंधित : 4 अंक - 40%			
7.	लेखन परिणाम और/या व्याख्या	5%	
8.	परिणाम की व्याख्या	5%	
9.	लेखन निष्कर्ष	10%	
10.	प्रयोग संबंधित प्रश्नों के उत्तर देना	15%	
11.	बनाई गई अभ्यास पुस्तिका को समय पर जमा करना	5%	
	कुल	**100%**	

**उत्पाद और प्रक्रिया मूल्यांकन के लिए अंक और प्रतिशत भार शिक्षक द्वारा तय किया जाएगा।*

विद्यार्थी का नामः .... दिए गए अंक			**शिक्षक के हस्ताक्षर एवं दिनांक**
प्रक्रिया संबंधित	उत्पाद संबंधित	कुल	

2 फिटिंग शाला

प्रासंगिक कोर्स आउटकम (CO) एवं प्रोग्राम आउटकम्स (POs)

CO-2: साधारण जॉब तैयार करने के लिए फिटिंग औजारों और उपकरणों का प्रयोग करें।

कोर्स आउटकम	प्रोग्राम आउटकम्स (POs) के साथ अपेक्षित संबंध *(1- कमजोर सहसंबंध; 2- मध्यम सहसंबंध; 3- मजबूत सहसंबंध)*						
	PO-1: मूलभूत एवं अध्यन संकाय विशिष्ट ज्ञान	**PO-2:** समस्या विश्लेषण	**PO-3:** समाधानों की रुपरेखा/ विस्तार	**PO-4:** इंजीनियरिंग उपकरण, प्रयोग और परीक्षण	**PO-5:** समाज एवं पर्यावरणीय स्थायित्व के लिए इंजीनियरिंग कार्यप्रणाली	**PO-6:** परियोजना प्रबंधन	**PO-7:** जीवन पर्यन्त सीखना
CO-2: साधारण जॉब तैयार करने के लिए फिटिंग औजारों और उपकरणों का प्रयोग करें।	3	-	1	3	2	-	1

P5 फिटिंग शाला के उपकरण

5.1 प्रायोगिक कथन

दिए गए विमाओं के अनुसार कार्यवस्तु तैयार करने के लिए उपयुक्त औजारों और यंत्रों का उपयोग करें।

5.2 प्रायोगिक महत्व

प्रत्येक मैकेनिकल डिप्लोमा इंजीनियर को फिटिंग शाला के उपकरण और प्रक्रियाओं के बारे में पता होना चाहिए जो अभीष्ट फिट को वांछित आकृति या विमा में लाने के बाद भागों को कसकर समवेत करने के लिए आवश्यक हैं। आमतौर पर इसके लिए जरूरी काम एक वर्कबेंच पर किया जाता है और इसे फिटिंग वर्क कहा जाता है। मिलन/मिलान, मरम्मत और निर्माण उद्देश्यों के लिए फिटिंग कार्य आवश्यक हैं। अत: इस अभ्यास को करने से विद्यार्थी को फिटिंग वर्क की जानकारी मिलेगी।

5.3 प्रासंगिक सिद्धांत

फिटिंग शाला के उपकरण:

फिटिंग शाला में इस्तेमाल होने वाले औजारो और उपकरणों को मोटे तौर पर निम्नलिखित प्रकार से वर्गीकृत किया जाता है-

(*i*) अंकन और मापन उपकरण

(*ii*) कार्यवस्तु को जकड़ने वाले उपकरण/क्लैम्पिंग औजार

(*iii*) कर्तन और परिष्करण औजार

(*iv*) विविध उपकरण

5.3.1 अंकन और मापन उपकरण

अंकन उपकरण का उपयोग किसी रेखाचित्र या ड्राइंग में दिए गए विमाओं को किसी दिए गए धातु के कार्यवस्तु में परिवर्तित करने के लिए किया जाता है।

मापन उपकरण/यंत्रों का उपयोग अनुमानित और सटीक माप लेने के लिए किया जाता है। विभिन्न जोड़ों को तैयार करते समय सटीक माप की आवश्यकता होती है। अंकन उपकरण और मापक यंत्र चित्र 5.1 में दिखाए गए हैं।

क्रमांक	विवरण के साथ उपकरण का नाम
1	फिटिंग शाला में आमतौर पर तीन तरह के अंकन के उपकरणों का इस्तेमाल किया जाता है- रेखक, डॉट पंच और सेंटर पंच।

क्रमांक	विवरण के साथ उपकरण का नाम
	रेखक: • रेखक एक स्टील का उपकरण है, जिसका उपयोग धातु के कार्यखंडो पर रेखाओ को अंकित या चिन्हित करने के लिए किया जाता है। • इसका उपयोग ट्राय स्क्वायर के संयोजन के साथ भी किया जा सकता है।
2	**डॉटपंच:** • इसका उपयोग काटने का पथ बनाने के लिए किया जाता है और फिर डॉट पंच का उपयोग करके उसी पथ को हथौड़े से मार कर चिन्हित किया जाता है। • डॉट पंच का नुकीला भाग शंक्वाकार होता है जो की 60 डिग्री का शंक्वाकार कोण बनाता है। चित्र 5.1(a) में दिखाया गया है।
3	**सेंटर पंच:** • सेंटर पंच, डॉट पंच के समान है, सिवाय इसके की यह एक शंक्वाकार बिंदु पर 118 डिग्री कोण बनाती है। • इसका उपयोग ड्रिलिंग में छिद्र के स्थान को चिन्हित करने के लिए किया जाता है। चित्र 5.1(a) में दिखाया गया है।
4	**स्टील का फुट्टा** • आकार- 6'' or 12'' • रेखाओ के निर्माण के लिए मार्गदर्शक के रूप में उपयोग करे। चित्र 5.1(b) में दिखाया गया है।
5	**मापन टेप** • आकार- 3 m • एक मापने वाला टेप एक लचीला फुट्टा है जिसका उपयोग रैखिक विमाओं को मापने के लिए किया जाता है। टेप को टेप के किनारों के साथ इंच, सेंटीमीटर और मीटर में चिन्हित किया गया है। चित्र 5.1(b) में दिखाया गया है।
6	**सरफेस प्लेट** • आकार - सबसे आम सरफेस प्लेट के आकार 18" × 24", 24" × 36", 36" × 48", 48" × 72" है। • सरफेस प्लेट समतल सतह प्रदान करती है, जिसके उपयोग से विमाओं के माप के लिए एक क्षैतिज सन्दर्भ बिंदु प्राप्त होता है। चित्र 5.1(c) में दिखाया गया है।
7	**एंगल प्लेट** • आकार- एंगल प्लेट मानक आकार IS-2554-1971 के अनुसार और गैर मानक आकार के अनुसार 75 × 75 × 75 mm से 600 × 600 × 600 mm तक उपलब्ध होता है। • एंगल प्लेट ऐसा उपकरण है जिसको धातु का काम करने के दौरान फिक्सचर के रूप में उपयोग किया जाता है; इसका उपयोग अंकन की प्रक्रिया के दौरान टेबल पर वर्गाकार कार्यवस्तु को पकड़ने के लिए भी किया जाता है. मापन के उद्देश्य से सरफेस प्लेट के साथ एंगल प्लेट का भी उपयोग किया जाता है। चित्र 5.1(d) में दिखाया गया है।

क्रमांक	विवरण के साथ उपकरण का नाम
8	**ट्राय स्क्वायर** • आकार- 6'' से 12'' • इसको 90° के माप के लिए एवं दो सतहों की वर्गाकारिता और ब्लेड के संरेखन की जांच के लिए उपयोग किया जाता है। चित्र 5.1(e) में दिखाया गया है।
9	**ऑड लेग कैलिपर** • आकार- 4'', 6'' and 8'' • इसे "जेनी कैलिपर" या "हर्माफ्रोडाइट" के नाम से भी जाना जाता है। इसका उपयोग अंतिम किनारे से समान्तर रेखाए बनाने के लिए और पाद की उचाई से काज बिंदु तक निर्दिष्ट गोल सलाखों के केंद्र बिंदु का पता लगाने के लिए भी किया जाता है, अर्थात् 100 या 150 mmA चित्र 5.1(f) में दिखाया गया है।
10	**वर्नियर कैलिपर** • आकार- यह 0-150 मिमी, 0-200 मिमी, 0-300 मिमी और 0-600 मिमी में उपलब्ध है। • वर्नियर कैलिपर का उपयोग किसी कार्यवस्तु के बाहरी और अन्दर के विमाओं को सटीक रूप से मापने के लिए किया जाता है; तथा गहराई मापने के लिए भी किया जा सकता है। चित्र 5.1(g) में दिखाया गया है।
11	**वर्नियर हाइट गेज** • आकार- यह 150 से 500 मिमी के परास तक उपलब्ध है। • वर्नियर हाइट गेज का प्रयोग वस्तु/जॉब की उचाई को सही-सही मापने के लिए किया जाता है। इसका उपयोग वस्तु/जॉब की गहराई, चौड़ाई और लम्बाई के लिए भी किया जा सकता है। चित्र 5.1(h) में दिखाया गया है।

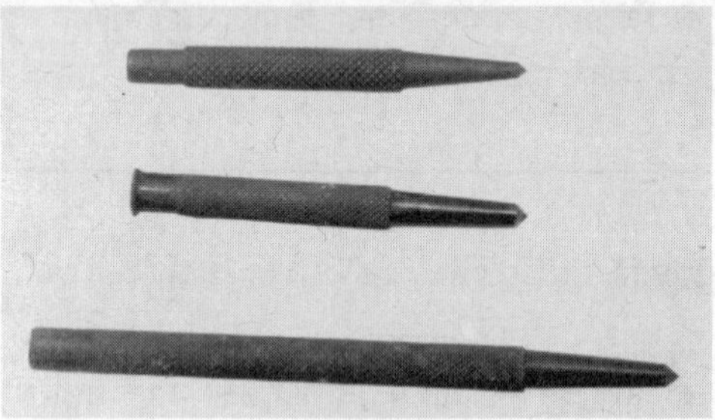

(a)

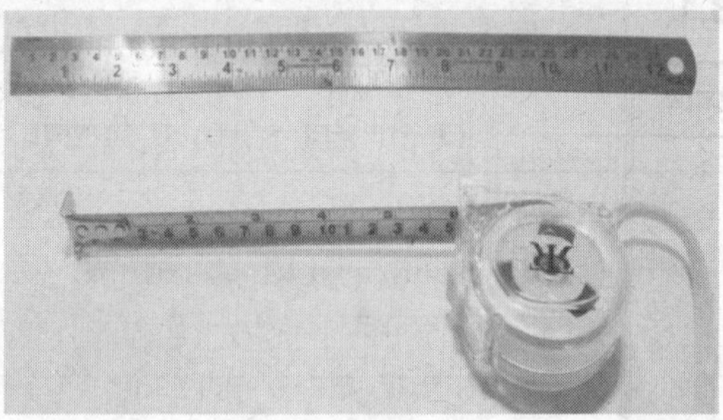

(b)

(c)

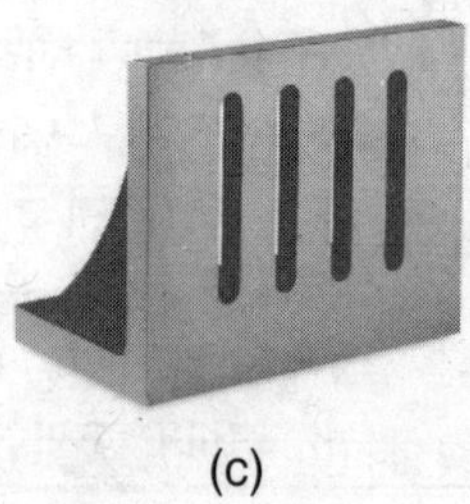

(c)

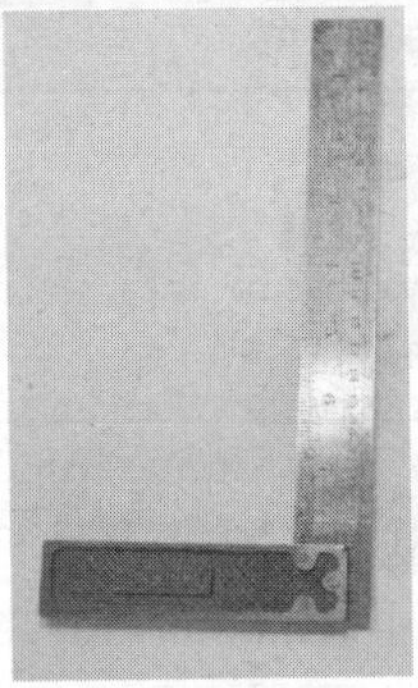
(e)

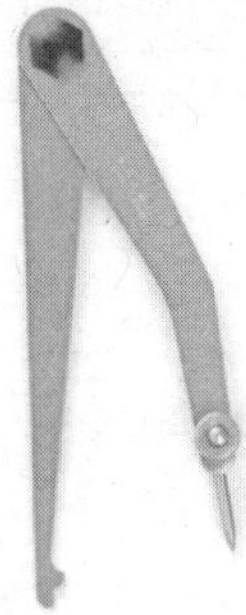
(f)

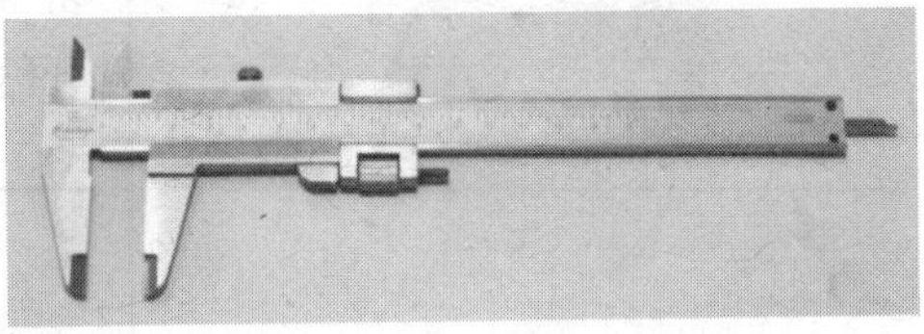
(g)

(h)

चित्र. 5.1: अंकन और मापन के उपकरण

5.3.1 कार्यवस्तु को जकड़ने वाले उपकरण/क्लैम्पिंग औजार

क्रमांक	विवरण के साथ उपकरण का नाम
1.	**बेंच शिकंजा:** • आकार- इसका आकार चलायमान और स्थिर जबडे के बीच की अधिकतम या अधिकतम खुलने की स्थिति द्वारा निर्दिष्ट की जाती है और इसका परास 75 मिमी से 300 तक होता है। • यह मुख्य रूप से कार्यवस्तु/खंडो को पकड़ने के लिए उपयोग किया जाने वाला उपकरण है। वाइस के हत्थे को दक्षिणावर्त दिशा में घुमाया जाता है, जो चलायमान जबड़े को स्थिर जबड़े के खिलाफ कार्यवस्तु को दबाने के लिए मजबूर करता है, जैसा की चित्र 5.2(a) में दिखाया गया है।
2.	**V ब्लॉक:** • यह एक आयताकार या वर्गाकार ब्लॉक है जिसमे एक तरफ या दोनों तरफ एक दूसरे के विपरीत V-नाली बनी होती है और V का कोण 90° डिग्री होता है। • C-क्लैंप की मदद से गोलाकार वस्तुओ को पकड़ने के लिए प्रयुक्त होता है। चित्र 5.2(b) में दिखाया गया है।
3.	**पाइप शिकंजा:** • आकार- इसका आकार गोलाकार/बेलनाकार कार्यवस्तु के आकार/व्यास पर निर्भर करता है। • यह बेंच वाइस के समान है लेकिन मौजूदा जबड़े की वक्रता के कारण ऊपरी और निचले जबड़े के बीच गोलाकार/बेलनाकार कार्यखंडो को धारण करने के लिए उपयुक्त है। चित्र 5.2(c) में दिखाया गया है।

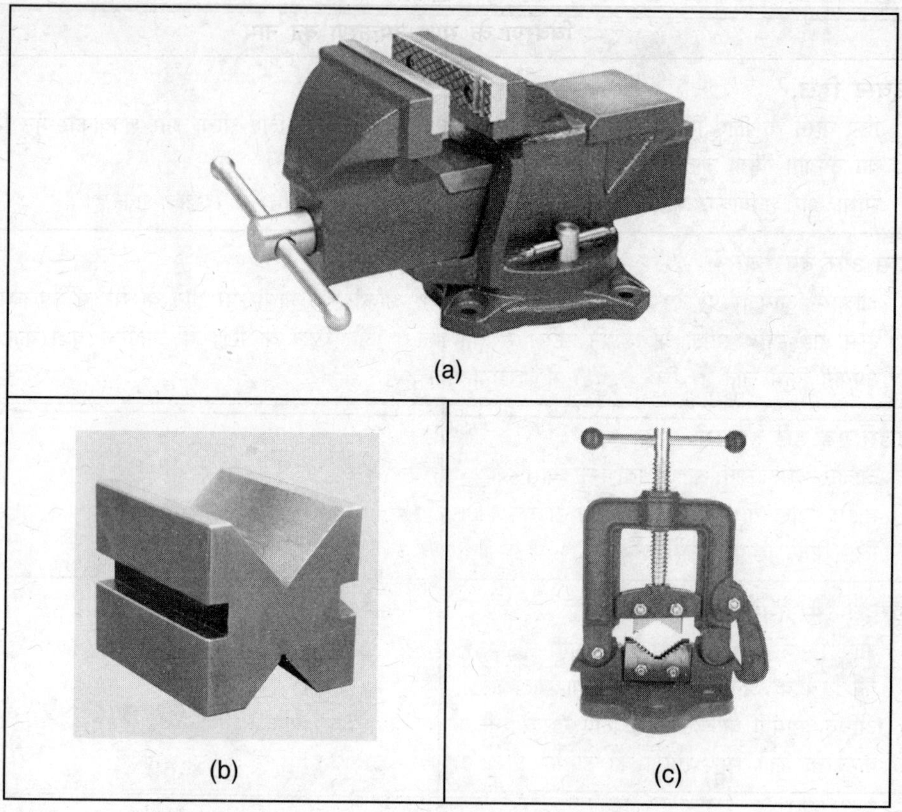

चित्र 5.2: कार्यवस्तु को पकड़ने वाले उपकरण/क्लैम्पिंग औजार

5.3.2 कर्तन और परिष्करण औजार

क्रमांक	विवरण के साथ उपकरण का नाम
1.	**हैक सॉ:** • आकार- हैक सॉ फ्रेम का आकार ब्लेड की लम्बाई द्वारा निर्दिष्ट किया जाता है जो सामान्य रूप से 10° से 12° तक होता है। • हैक सॉ का उपयोग धातु को हाथो से काटने के लिए किया जाता है और इसमें एक फ्रेम होता है, जो ब्लेड को इस स्थिति में कसकर पकड़ता है। ब्लेड की लम्बाई या दंत प्रति इंच (TPI) का चयन कार्यवस्तु, पदार्थ और कार्यवस्तु की मोटाई के आधार पर किया जाता है। ब्लेड के दांत टेढ़े-मेढ़े होते है ताकि आसानी से खांचा काटा जा सके और ब्लेड को जाम होने से रोका जा सके। चित्र 5.3(a) में दिखाया गया है।
2.	**छेनी:** • छेनी का उपयोग अतिरिक्त सामग्री को हटाने या उनकी चादरे काटने के लिए किया जाता है। छेनी के मूठ को सख्त और कर्तन धार को कठोर बनाने के लिए इसका अनिलीकरण और दृढ़ीकरण किया जाता है। • सामान्य छेनी सेट का उपयोग चित्र 5.3(b) में दर्शाए गये धातु की चादर को छीलने और काटने के लिए किया जाता है।

क्रमांक	विवरण के साथ उपकरण का नाम
3.	**ट्विस्ट ड्रिलः** • छिद्र करने के लिए ट्विस्ट ड्रिल का उपयोग किया जाता है, इसके लिए सीधा और शंक्वाकार मूठ ट्विस्ट ड्रिल का उपयोग किया जाता है। • सीधा और शंक्वाकार मूठ ट्विस्ट ड्रिल चित्र 5.3(c) और चित्र 5.3(d) में दिखाया गया है।
4.	**टैप्स और टैप रेंचः** • आकार- आमतौर पर टेप प्रत्येक व्यास और चूड़ी के आकार के आधार पर तीन के सेट में उपलब्ध होते है। • टेप्स हाई स्पीड स्टील या कार्बन स्टील से बने होते है और ड्रिल के छिद्र में आतंरिक चूड़ी काटने के लिए उपयोग किये जाते है। चित्र 5.3(e) में दिखाया गया है।
5.	**डाइस एंड डाई होल्डर्सः** • आकार- सामान्यतः डाइस विभिन्न व्यास और चूड़ी के आकार में उपलब्ध होते है। • डाइस स्टील या हाई कार्बन स्टील से बने होते है और इसका उपयोग कार्य के बाहरी तल में चूड़ी काटने के लिए किया जाता है जो चित्र 5.3(f) में दिखाया गया है।
6.	**खुरदुरा और स्मूथ रेतीः** • आकार- ये 100 मिमी से 250 मिमी तक उपलब्ध होते है और इन्हें इनके आकार,काटने वाले दांतों और दांतों की पिच के अनुसार वर्गीकृत किया जाता है। • अधिक सामग्री को हटाने के लिए खुरदुरे रेती का उपयोग किया जाता है जबकि कार्यवस्तु को अंतिम रूप प्रदान करने के लिए स्मूथ रेतीयो का उपयोग किया जाता है। चित्र 5.3(g) में दिखाया गया है।

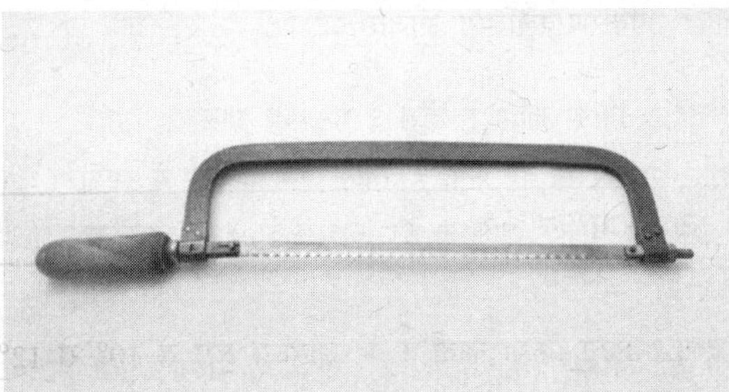

(a)

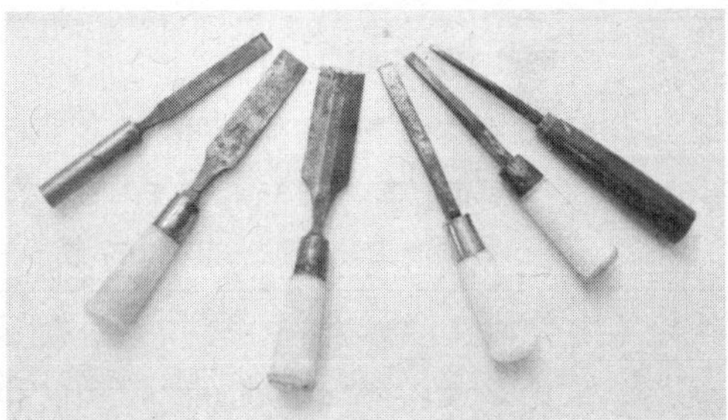

(b)

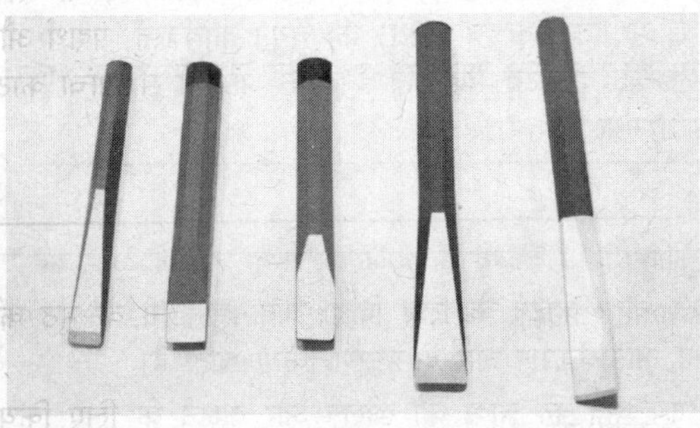

(c)

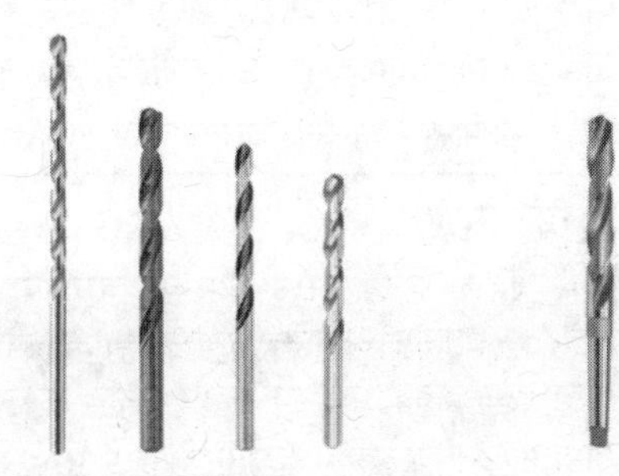

(d)

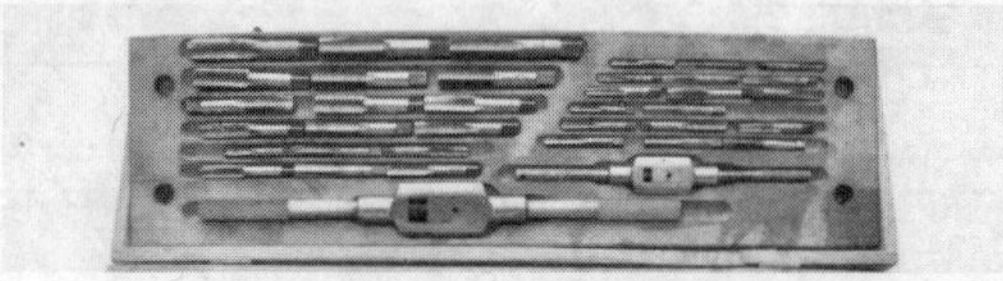

(e)

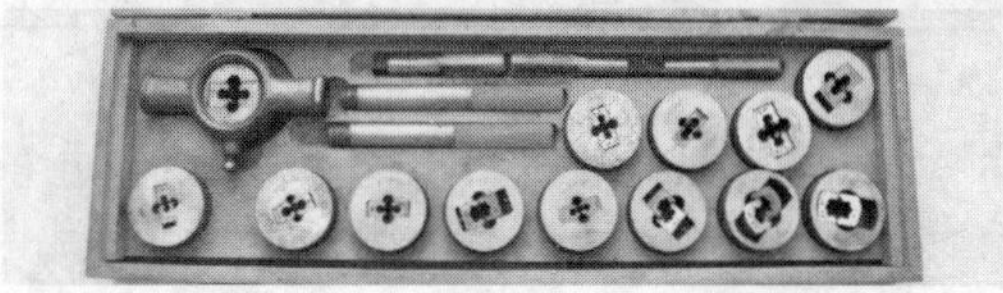

(f)

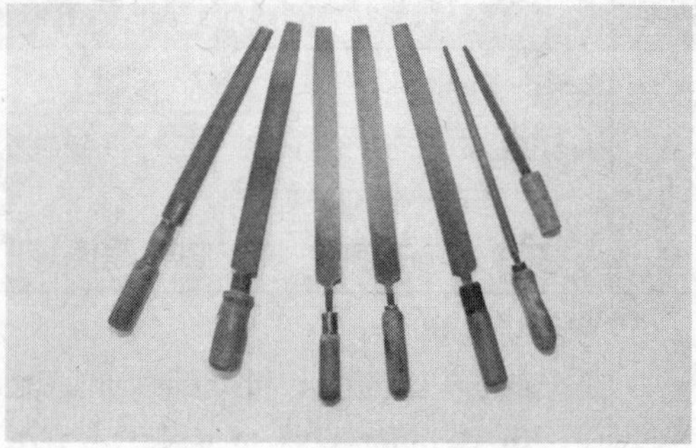

(g)

चित्र 5.3: कर्तन और परिष्करण औजार

5.3.3 विविध उपकरण

क्रमांक	विवरण के साथ उपकरण का नाम
1.	**पाना:** • आकार- सामान्यत: पाना सेट में 6 से 10 पाने होते है, जो कि एक विशिष्ट आकार के नट या बोल्ट को खोलने या कसने के लिए उपयोग किया जाता है। • विभिन्न प्रकार के पाने है:- ओपन एंड, डबल एंड, रिंग, सॉकेट, और मिश्रित पाना इत्यादि। • ओपन डबल एंडेड पाना सेट और रिंग पाना सेट क्रमश: चित्र 5.4(a) और 5.4(b) में दिखाए गये है।
2.	**बॉल पीन हथौड़ा:** • आकार- हथौड़ा सामान्यत: अपने वजन द्वारा निर्दिष्ट किया जाता है जैसे 250-450 ग्राम। • हथौड़ो का नाम उनके आकार और पदार्थ के आधार पर किया जाता है। बॉल पीन हथौड़े में सामान्य काम के लिए एक सपाट चेहरा होता है और दूसरे छोर पर बॉल एंड होता है। चित्र 5.4(c) में दिखाया गया है।
3.	**पेचकस (स्क्रू ड्राईवर):** • आकार- पेचकस का आकार उसके मुख्य भाग की लम्बाई (1.5" से 18" तक की सीमा) द्वारा निर्धारित किया जाता है, जिसे ब्लेड के अग्रभाग से लेकर सामी तक मापा जा सकता है, और अग्रभाग की चौड़ाई (3/16" से ½" की सीमा) तक होती है। • आमतौर पर, हाथ से संचालित और खंचित सिरा के साथ स्क्रू को मोड़ने के लिए उपयोग किया जाता है। सामान्य प्रयोजन पेचकस चित्र 5.4(d) में दिखाया गया है।
4.	**ड्रिल मशीन:** • ड्रिल मशीन का उपयोग कार्यवस्तु पर विभिन्न आकारों के छेद बनाने के लिए किया जाता है और यह एक धातु निकालने की प्रक्रिया है। कार्य की आवश्यकता अनुसार विभिन्न आकार के ड्रिल बिट का उपयोग किया जाता है। • चित्र 5.4(e) में विभिन्न प्रकार के ड्रिल मशीन दिखाए गये है।

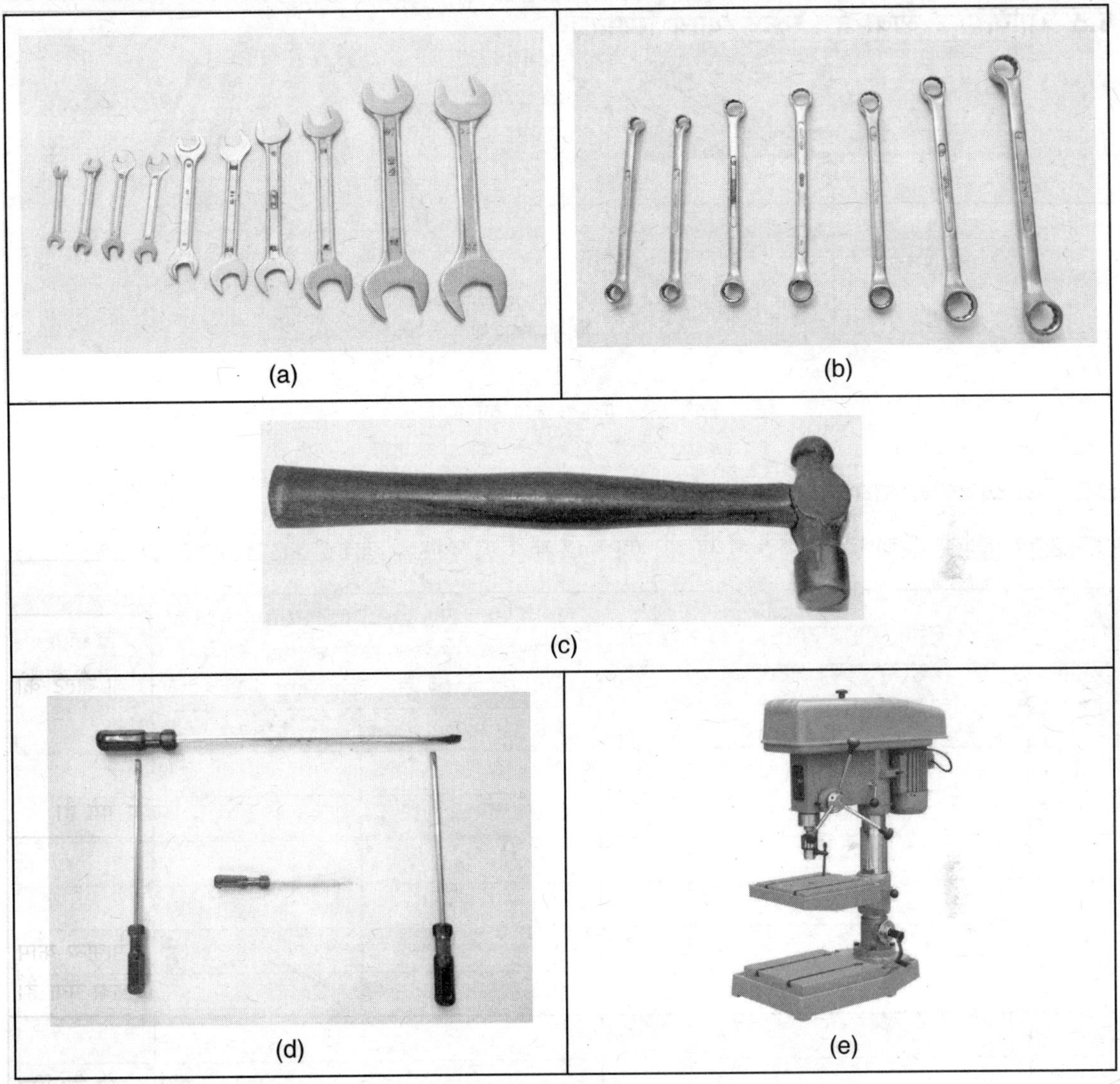

चित्र 5.4: विविध उपकरण

5.4 प्रैक्टिकल आउटकम्स (PrO)

इस विषय के पाठ्यक्रम से व्युत्पन्न प्रायोगिक परिणाम:

PrO1: दिए गए कार्य के लिए उपयुक्त औजारों और उपकरणों का चयन करें।

PrO2: उपयुक्त औजारों का सही ढंग से उपयोग करे।

PrO3: सुरक्षित अभ्यासों का पालन करे।

PrO4: समूह के सदस्य के रूप में काम करे।

PrO5: पर्यावरण के अनुकूल दृष्टिकोंण का उपयोग करे।

5.5 प्रायोगिक व्यवस्था (स्केच/कार्य स्थिति)

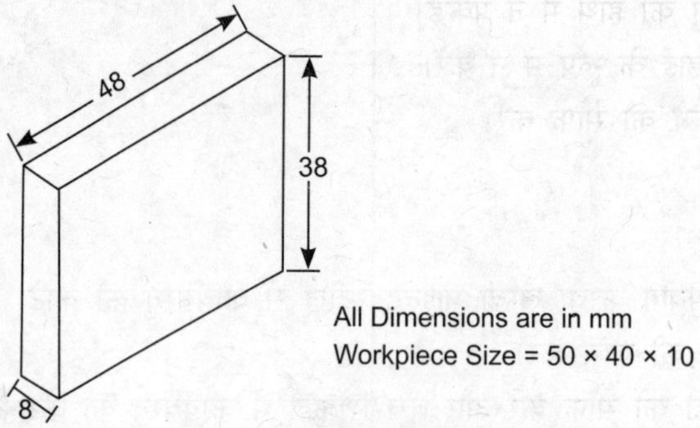

चित्र 5.5: फिटिंग जॉब की विमायें

5.6 आवश्यक संसाधन

(इस प्रयोग के लिए विद्यार्थी चित्र 5.5 में दिखाए गए कार्य के लिए उपयुक्त औजारों और उपकरणों का चयन करेंगे)

क्रमांक	सुझाए गए संसाधन मशीनें/औजार/ यंत्र महत्वपूर्ण विशिष्टताओं के साथ	मात्रा	उपयोग किये गए वास्तविक संसाधन मशीनें/ औजार/यंत्र विस्तृत विशिष्टताओं के साथ (विद्यार्थी द्वारा भरा जाना है)		टिप्पणी (यदि कोई हो)
			उत्पाद का नाम (मेक)	विवरण	
1.					
2.					
3.					
4.					
5.					
6.					
7.					
8.					
9.					
10.					
11.					
12.					

5.7 सावधानियाँ

1. ढीले कपड़े न पहने, हमेशा जूते पहनकर ही कर्मशाला जाए।
2. जेब में नुकीले औजार और धातु के कार्यवस्तु न रखें।
3. उपयोग किए जा रहे औजारों को अच्छी तरह से तेज किया जाना चाहिए।

4. कर्तन और रेता के दौरान अग्र आघात में बल लगाएं और प्रतिवर्ती आघात में बल ना लगाये।
5. काटते समय कार्यवस्तु को हाथ में न पकड़ें।
6. शिकंजे का प्रयोग निहाई के रूप में न करें।
7. उपयोग के बाद शिकंजे को साफ करें।

5.8 प्रयोग विधि

1. पहले हैक सॉ का उपयोग करके लम्बी माइल्ड स्टील से कार्यवस्तु को काटे।
2. कार्यवस्तु के विमाओं की जांच करे।
3. बेंच शिकंजे के जबड़ो को साफ करें और बेंच शिकंजे में कार्यवस्तु को कसकर जकड़े।
4. रेता का काम करे,पहले खुरदुरी चपटी रेती और फिर स्मूथ चपटी रेती का उपयोग करके एक तरफ को ठीक से तैयार करे। एक तरफ की रेता के बाद आसन्न पक्ष के लिए भी यही दोहराए।
5. अब, ट्राय स्क्वायर की का उपयोग करके दो आसन्न भुजाओ के समकोण जांच करे।
6. फिर कार्यवस्तु की सतह पर चाक लगाया जाता है। वर्नियर हाइट गेज, एंगल प्लेट और सरफेस प्लेट का उपयोग करके दिए विमाओं को रेखक द्वारा दो आधार पक्षों के सन्दर्भ में चिन्हित करे।
7. डॉट पंच का उपयोग करके बिन्दुओ को ऊपर की रेखा के साथ उत्कीर्ण किया जाता है।
8. कार्यवस्तु को बेंच शिकंजे में जकड़ के उसके दोनों भुजाओ की रेता की जाती है; इसके बाद सतहों के समतलता की जांच की जाती है। चूँकि रेता के माध्यम से अपेक्षाकृत कम धातु हटती है, इसलिए काटने के बजाये रेता की जाती है।

5.9 प्रेक्षण और गणना

(प्रयोग के आधार पर संशोधित किया जा सकता है; विद्यार्थी द्वारा भरा जाना है)

क्रमांक	-------------	-------------		% त्रुटी
1.				

5.10 परिणाम एवं/अथवा विवेचना

(विद्यार्थी द्वारा भरा जाना है)

1. ....

2. ....

5.11 निष्कर्ष एवं/अथवा सत्यापन

(विद्यार्थी द्वारा भरा जाना है)

1. ....

2. ....

5.12 प्रयोग संबंधित प्रश्न

(उत्तर के लिए अलग पुस्तिका का प्रयोग करें)

नोटः नीचे संदर्भ के लिए कुछ नमूना प्रश्न दिए गए हैं। पूर्व-निर्धारित पाठ्यक्रम परिणामों की उपलब्धि सुनिश्चित करने के लिए शिक्षकों को ऐसे और अधिक प्रश्न तैयार करने चाहिए।

1. औद्योगिक उत्पादों के संदर्भ में फिटिंग शाला के महत्व को स्पष्ट कीजिए।
2. रेखक एक .... औजार है।
3. दो मापक यंत्रों के नाम लिखिए और उनका स्वच्छ रेखाचित्र बनाईये।
4. रेता करने की सही विधि की व्याख्या कीजिये।
5. आतंरिक चूड़ी का निर्माण .... का उपयोग करके किया जा सकता है।

5.13 अपशिष्ट का निपटान

(विद्यार्थी द्वारा भरा जाना है)

इस प्रयोग में फेंके जाने वाले अपशिष्ट पदार्थों को निम्नलिखित कूड़ेदानों में वर्गीकृत करें:

अपशिष्ट के प्रकार	डिब्बे (Bin) का रंग	विवरण
बायोडीग्रेडेबल अपशिष्ट	हरा	
ई-अपशिष्ट	काला	
प्लास्टिक एवं धातु के अपशिष्ट	नीला	
अन्य		

5.14 पर्यावरण के अनुकूल दृष्टिकोणः कम उपयोग (रिड्युज), पुनः उपयोग (रियूज) और एवं पुनर्चक्रण (रिसायकल)

1. विमाओं को उचित रूप से कम करके इस प्रयोग में कार्यवस्तु का पुनः उपयोग किया जा सकता है।
2. रेता के दौरान प्राप्त महीन धातु के कणों का उपयोग पदार्थ परीक्षण प्रयोगशाला के "मैग्नेटिक क्रैक डिटेक्शन" उपकरण के लिए शायद किया जा सकता है।

5.15 अध्ययन हेतु सुझाए गए संसाधन

1. Workshop Practice Vol&I by Hazra & Choudhary] Media Promotors & Publishers Pvt. Ltd.,
   Delhi, Latest Edition
2. Workshop Practice Vol&I by Raghuvanshi] Dhanpat Rai & Sons, Delhi, Latest Edition

अंकन औजार

विभिन्न रेतियाँ

5.16 सुझाई गई मूल्यांकन योजना

(शिक्षक द्वारा भरा जाना है)

दिए गए प्रदर्शन सूचक, प्रक्रिया और उत्पाद से संबंधित मूल्यांकन के लिए एक दिशानिर्देश के रूप में कार्य करेंगे।

प्रदर्शन सूचक		भारिता (वेटेज)	दिए गये अंक
प्रक्रिया संबंधित: 7 अंक - 70%			
1.	अंकन और कर्तन	20%	
2.	औजारों/उपकरणों को संभालना	20%	
3.	कार्यवस्तु की जाँच करना	10%	
4.	दल में कार्य करना	5%	
5.	सुरक्षित प्रविधि का पालन करना	5%	
6.	पर्यावरण के अनुकूल दृष्टिकोण/दृष्टिकोणों का अभ्यास करना	10%	
उत्पाद संबंधित: 3 अंक - 30%			
7.	लेखन परिणाम और/या परिणाम की व्याख्या	5%	
8.	निष्कर्ष	5%	
9.	जॉब की यथार्थता	5%	
10.	प्रयोग संबंधित प्रश्न	10%	
11.	बनाई गयी अभ्यास पुस्तिका को समय पर जमा करना	5%	
	कुल	**100%**	

* उत्पाद और प्रक्रिया मूल्यांकन के लिए अंक और प्रतिशत भार शिक्षक द्वारा तय किया जाएगा।

विद्यार्थी का नाम .... दिये गए अंक			शिक्षक के हस्ताक्षर एवं दिनांक
प्रक्रिया सम्बंधित	उत्पाद सम्बंधित	कुल	

P6 स्टेप फिटिंग

6.1 प्रायोगिक कथन

दिए गए विमाओं के अनुसार स्टेप फिटिंग का कार्यवस्तु तैयार करने के लिए उपयुक्त औजारों और यंत्रों का उपयोग करें।

6.2 प्रायोगिक महत्व

प्रत्येक मैकेनिकल डिप्लोमा इंजीनियर को यांत्रिक उद्योगों में प्रयुक्त फिटिंग ऑपरेशन के बारे में पता होना चाहिए। स्टेप फिटिंग का यह प्रयोग विद्यार्थियों को फिटिंग के संचालन से संबंधित कौशल विकसित करने में मदद करेगा जैसे कि मापन, अंकन, साविंग, रेता और टुकड़ों का संयोजन।

6.3 प्रासंगिक सिद्धांत

- इस प्रयोग को करने के लिए, विद्यार्थी को उपयुक्त औजारों और उपकरण का चयन करना चाहिए और सुरक्षित तरीके से आवश्यक प्रक्रियाओं का पालन करना चाहिए। उपकरण और प्रक्रियाओं पर पहले से ही प्रयोग P5 में चर्चा की जा चुकी है। ड्रिलिंग और टैपिंग ऑपरेशन ड्रिलिंग मशीन और टैप के उपयोग के बारे में जानकारी देंगे।
- ड्रिलिंग और टैपिंग ऑपरेशन करके विद्यार्थी ड्रिलिंग मशीन और पावर टूल्स का उपयोग सीखेंगे। ड्रिलिंग एक कटिंग ऑपरेशन है जो ठोस सामग्री में गोलाकार क्रॉस-सेक्शन के छेद को काटने के लिए ड्रिल बिट का उपयोग करता है।
- टैपिंग एक छिद्र के अंदर टैप्स के समूहों के उपयोग द्वारा एक चूड़ी बनाने की क्रिया है। टैपिंग करके विद्यार्थी कसनी का उपयोग भी सीखेंगे।

6.4 प्रैक्टिकल आउटकम्स (PrO)

इस विषय के पाठ्यक्रम से व्युत्पन्न प्रायोगिक परिणाम:

PrO1: दिए गए स्टेप फिटिंग कार्यवस्तु के लिए उपयुक्त औजारों और उपकरणों का चयन करें।

PrO2: उपयुक्त औजारों का सही ढंग से उपयोग करें।

PrO3: स्टेप फिटिंग कार्यवस्तु की शुद्धता की जाँच करें।

PrO4: सुरक्षित अभ्यासों का पालन करें।

PrO5: नेतृत्व कर्ता के रूप में कार्य करें।

PrO6: पर्यावरण के अनुकूल दृष्टिकोण का उपयोग करें।

6.5 प्रायोगिक व्यवस्था (स्केच/कार्य स्थिति)

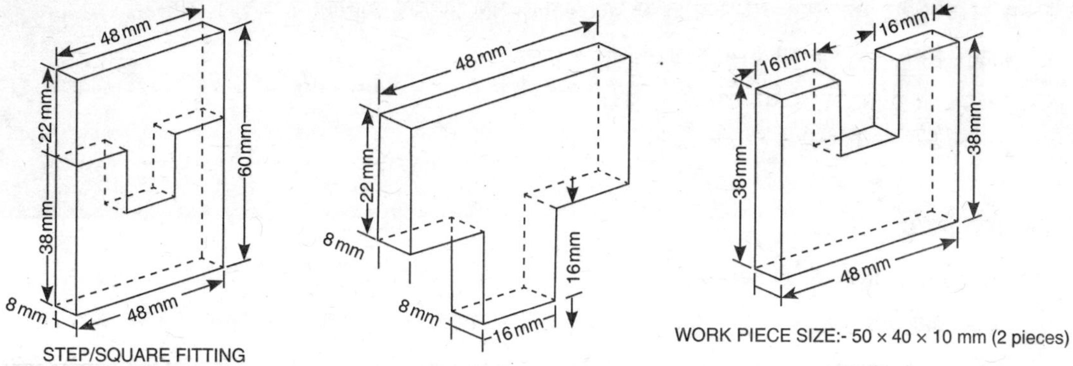

STEP/SQUARE FITTING
पूर्ण कार्यवस्तु

भाग A

भाग B

चित्र 6.1: स्टेप फिटिंग जॉब की विमायें

6.6 आवश्यक संसाधन

क्रमांक	सुझाए गए संसाधन मशीनें/ औजार/ यंत्र महत्वपूर्ण विशिष्टताओं के साथ	मात्रा	उपयोग किये गए वास्तविक संसाधन मशीनें/ औजार/ यंत्र विस्तृत विशिष्टताओं के साथ (विद्यार्थी द्वारा भरा जाना है)		टिप्पणी (यदि कोई हो)
			उत्पाद का नाम (मेक)	विवरण	
1.	स्टील का फुट्टा 12″	1			
2.	ट्राय स्क्वायर 6″	1			
3.	बॉल पीन हथौड़ा 450 gm	1			
4.	डॉट पंच	1			
5.	ऑड लेग कैलिपर	1			
6.	हैक सॉ फ्रेम ब्लेड के साथ	1			
7.	खुरदुरी रेती और स्मूथ रेती	1			
8.	स्मूथ चौकोर रेती	1			
9.	चपटा छेनी (फ्लैट चिजेल)	1			
10.	फिटिंग शिकंजा	1			
11.	ड्रिल मशीन 5 mm बिट के साथ	1			
12.	टैप रेंच 6 mm टैप के साथ	1			

6.7 सावधानियाँ

1. ढीले कपड़े न पहने, हमेशा जूते पहनकर ही कार्यशाला जाए।
2. जेब में नुकीले औजार और धातु के कार्यवस्तु न रखें।

3. उपयोग किए जा रहे औजारों को अच्छी तरह से तेज किया जाना चाहिए।
4. कर्तन और रेता के दौरान अग्र आघात में बल लगाएं और प्रतिवर्ती आघात में बल ना लगाये।
5. काटते समय कार्यवस्तु को हाथ में न पकड़ें।
6. शिकंजे का प्रयोग निहाई के रूप में न करें।
7. उपयोग के बाद शिकंजे को साफ करें।

6.8 प्रयोग विधि

1. कार्यवस्तु के विमाओं की जांच करें।
2. चपटे आकर के माइल्ड स्टील के किनारों को खुरदुरी चपटी रेती से रेता किया जाता है फिर स्मूथ रेती के साथ।
3. उपरांत ट्राय स्क्वायर के साथ किनारों की समतलता की जाँच की जाती है।
4. ट्राय स्क्वायर के साथ दूसरे किनारे की वर्गाकारिता के लिए जाँच की जाती है।
5. 43 mm और 28 mm के दोनों किनारों और स्टेप्स को ऑड लेग कैलिपर के साथ चिन्हित किया जाता है।
6. बिंदुओं को रेखा के साथ-साथ पंच द्वारा चिन्हित किया जाता है जैसा कि स्केच में दिखाया गया है।
7. चिर आरी की मदद से बिंदीदार रेखाओं के साथ ब्लेड कटिंग की जाती है।
8. भाग 'A' की वर्गाकारिता जांचने के लिए रेता की जाती है।
9. अतिरिक्त पदार्थ को हटाने के लिए भाग 'B में छेद ड्रिल किए जाते हैं।
10. भाग 'A' से मिलान करने के लिए सभी किनारों पर रेता की जाती है।
11. भाग 'A' और 'B' दोनों सतहों को फाइल करने और फिनिश के लिए फिटिंग शिकंजे में एक साथ रखा जाता है।
12. अब आवश्यक फिटिंग प्राप्त करने के लिए दोनों भागों को जांचें और जोड़ें।
13. अंत में भाग B पर शिक्षक के निर्देशानुसार 6 mm टैपिंग के लिए 5 mm की ड्रिलिंग करें।

6.9 प्रेक्षण और गणना

(प्रयोग के आधार पर संशोधित किया जा सकता है; विद्यार्थी द्वारा भरा जाना है)

क्रमांक	--------------	--------------		% त्रुटी
1.				

6.10 परिणाम एवं/अथवा विवेचना

(विद्यार्थी द्वारा भरा जाना है)

1. ....
2. ....

6.11 निष्कर्ष एवं/अथवा सत्यापन

(विद्यार्थी द्वारा भरा जाना है)

....

....

6.12 प्रयोग संबंधित प्रश्न

(उत्तर के लिए अलग पुस्तिका का प्रयोग करें)

नोटः नीचे संदर्भ के लिए कुछ नमूना प्रश्न दिए गए हैं। पूर्व-निर्धारित पाठ्यक्रम परिणामों की उपलब्धि सुनिश्चित करने के लिए शिक्षकों को ऐसे और अधिक प्रश्न तैयार करने चाहिए।

1. अल्पतमांक की व्याख्या करें।
2. इस प्रयोग में स्क्वायर स्मूथ रेती का उपयोग किस प्रक्रिया के लिए किया गया है....................................
3. इस प्रयोग में प्रयुक्त सपाट स्मूथ रेती (स्मूथ फ्लैट फाइल) का साफ-सुथरा चित्र बनाइए।
4. स्टेप फिटिंग के औद्योगिक/ क्षेत्रीय अनुप्रयोग लिखिए।
5. रेता प्रक्रिया का वर्णन करें।

6.13 अपशिष्ट का निपटान

(विद्यार्थी द्वारा भरा जाना है)

इस प्रयोग में फेंके जाने वाले अपशिष्ट पदार्थों को निम्नलिखित कूड़ेदानों में वर्गीकृत करें:

अपशिष्ट के प्रकार	डिब्बे (Bin) का रंग	विवरण
बायोडीग्रेडेबल अपशिष्ट	हरा	
ई-अपशिष्ट	काला	
प्लास्टिक एवं धातु के अपशिष्ट	नीला	
अन्य		

6.14 पर्यावरण के अनुकूल दृष्टिकोणः कम उपयोग (रिड्युज), पुनः उपयोग (रियूज) एवं पुनर्चक्रण (रिसायकल)

1. विमाओं को उचित रूप से कम करके इस प्रयोग में कार्यवस्तु का पुनः उपयोग किया जा सकता है।
2. रेता के दौरान प्राप्त महीन धातु के कणों का उपयोग पदार्थ परीक्षण प्रयोगशाला के "मैग्नेटिक क्रैक डिटेक्शन" उपकरण के लिए किया जा सकता है।

6.15 अध्ययन हेतु सुझाए गए संसाधन

1. Workshop Practice Vol&I by Hazra & Choudhary] Media Promotors & Publishers Pvt. Ltd., Delhi, Latest Edition
2. Workshop Practice Vol-I by Raghuvanshi, Dhanpat Rai & Sons, Delhi, Latest Edition

फिटिंग

स्टेप फिटिंग

6.16 सुझाई गई मूल्यांकन योजना

(शिक्षक द्वारा भरा जाना है)

दिए गए प्रदर्शन सूचक, प्रक्रिया और उत्पाद से संबंधित मूल्यांकन के लिए एक दिशानिर्देश के रूप में कार्य करेंगे।

प्रदर्शन सूचक		भारिता (वेटेज)	दिए गये अंक
प्रक्रिया संबंधितः 6 अंक - 60%			
1.	अंकन और कर्तन	15%	
2.	औजारों/उपकरणों को संभालना	15%	
3.	कार्यवस्तु की जाँच करना	10%	
4.	दल में कार्य करना	5%	
5.	सुरक्षित प्रविधि का पालन करना	5%	
6.	पर्यावरण के अनुकूल दृष्टिकोण/दृष्टिकोणों का अभ्यास करना	10%	
उत्पाद संबंधितः 4 अंक - 40%			
7.	लेखन परिणाम और/या परिणाम की व्याख्या	5%	
8.	निष्कर्ष	5%	
9.	कार्यवस्तु की शुद्धता	10%	
10.	प्रयोग संबंधित प्रश्न	15%	
11.	बनाई गयी अभ्यास पुस्तिका को समय पर जमा करना	5%	
	कुल	**100%**	

**उत्पाद और प्रक्रिया मूल्यांकन के लिए अंक और प्रतिशत भार शिक्षक द्वारा तय किया जाएगा।*

विद्यार्थी का नाम... दिये गए अंक			शिक्षक के हस्ताक्षर एवं दिनांक
प्रक्रिया सम्बंधित	उत्पाद सम्बंधित	कुल	

P7 सीधा फिटिंग

7.1 प्रायोगिक कथन

दिए गए विमाओं के अनुसार सीधा फिटिंग का कार्यवस्तु तैयार करने के लिए उपयुक्त औजारों और यंत्रों का उपयोग करें।

7.2 प्रायोगिक महत्व

प्रत्येक मैकेनिकल डिप्लोमा इंजीनियर को फिटिंग शाला की पूरी जानकारी होनी चाहिए। फिटिंग का अर्थ है एक-दूसरे को छूने/जुड़ने के लिए जरूरत के हिसाब से मैचिंग भाग इस तरह से तैयार करना कि एक हिस्सा दूसरे में चला जाए और दूसरे पर स्लाइड हो जाए या कसकर पकड़ ले। फिटिंग शाला में जॉब के भागों का मापन और निरीक्षण भी एक बहुत महत्वपूर्ण कार्य है। इस प्रयोग को करने से विद्यार्थी को फिटिंग शाला का जानकारी मिलेगा।

7.3 प्रासंगिक सिद्धांत

इस प्रयोग को करने के लिए, विद्यार्थी को उपयुक्त औजारों और उपकरण का चयन करना चाहिए और सुरक्षित तरीके से आवश्यक प्रक्रियाओं का पालन करना चाहिए। उपकरण और प्रक्रियाओं पर पहले से ही प्रयोग P5 में चर्चा की जा चुकी है।

7.4 प्रैक्टिकल आउटकम्स (PrO)

इस विषय के पाठ्यक्रम से व्युत्पन्न प्रायोगिक परिणाम:

PrO1: दिए गए सीधा फिटिंग कार्यवस्तु के लिए उपयुक्त औजार और यंत्र का चयन करें।

PrO2: उपयुक्त औजारों का सही ढंग से उपयोग करें।

PrO3: सुरक्षित अभ्यासों का पालन करें।

PrO4: नेतृत्व कर्ता के रूप में कार्य करें।

PrO5: पर्यावरण के अनुकूल दृष्टिकोण का उपयोग करें।

7.5 प्रायोगिक व्यवस्था (स्केच/कार्य की स्थिति)

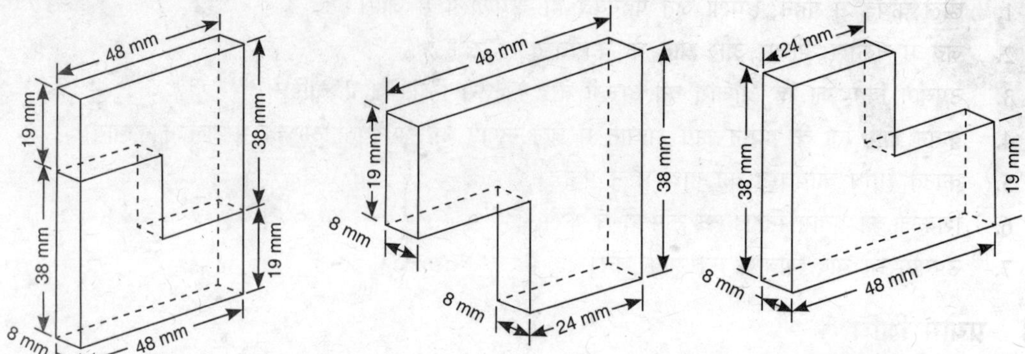

STRAIGHT FITTING
पूर्ण कार्यवस्तु

भाग A

भाग B
Work Piece Size: 50 × 40 × 10 mm

चित्र 7.1: सीधा फिटिंग कार्यवस्तु की विमायें

7.6 आवश्यक संसाधन

(इस प्रयोग के लिए विद्यार्थी चित्र 7.1 में दिखाये गये जॉब के लिये उपयुक्त औजारों और उपकरणों का चयन करेंगे)

क्रमांक	सुझाए गए संसाधन मशीनें/ औजार/ यंत्र महत्वपूर्ण विशिष्टताओं के साथ	मात्रा	उपयोग किये गए वास्तविक संसाधन मशीनें/ औजार/यंत्र विस्तृत विशिष्टताओं के साथ (विद्यार्थी द्वारा भरा जाना है)		टिप्पणी (यदि कोई हो)
			उत्पाद का नाम (मेक)	विवरण	
1.	स्टील का फुट्टा 12 इंच	1			
2.	ट्राय स्क्वायर 6 इंच	1			
3.	बॉल पीन हथौड़ा 450 ग्राम्स	1			
4.	डॉट पंच	1			
5.	ऑड लेग कैलिपर	1			
6.	हैक सॉ फ्रेम ब्लेड के साथ	1			
7.	खुरदुरी रेती	1			
8.	स्मूथ रेती	1			
9.	स्मूथ चौकोर रेती	1			
10.	चपटा छेनी	1			
11.	फिटिंग शिकंजा	1			

7.7 सावधानियाँ

1. ढीले कपड़े न पहने, हमेशा जूते पहनकर ही कर्मशाला में जाएं।
2. जेब में नुकीले औजार और धातु के कार्यवस्तु न रखें।
3. उपयोग किए जा रहे औजारों को अच्छी तरह से तेज किया जाना चाहिए।
4. कर्तन और रेता के दौरान अग्र आघात में बल लगाएं और प्रतिवर्ती आघात में बल ना लगाये।
5. काटते समय कार्यवस्तु को हाथ में न पकड़ें।
6. शिकंजे का प्रयोग निहाई के रूप में न करें।
7. उपयोग के बाद शिकंजे को साफ करें।

7.8 प्रयोग विधि

1. कार्यवस्तु के विमाओं की जांच करें।
2. चपटे आकर के माइल्ड स्टील के किनारों को खुरदुरी चपटी रेती से रेता किया जाता है फिर स्मूथ रेती के साथ।
3. उसके उपरांत ट्राय स्क्वायर के साथ किनारों की समतलता की जाँच की जाती है।
4. ट्राय स्क्वायर के साथ दूसरे किनारे की वर्गाकारिता के लिए जाँच की जाती है।
5. 48 mm और 38 mm के दोनों किनारों और स्टेप्स को ऑड लेग कैलिपर के साथ चिन्हित किया जाता है।
6. बिंदुओं को रेखा के साथ-साथ पंच द्वारा चिन्हित किया जाता है जैसा कि स्केच में दिखाया गया है।
7. चिर आरी की मदद से बिंदीदार रेखाओं के साथ ब्लेड कटिंग की जाती है।
8. भाग 'A' की वर्गाकारिता जांचने के लिए रेता की जाती है।
9. अतिरिक्त पदार्थ को हटाने के लिए भाग 'B' में छेद ड्रिल किए जाते हैं।
10. भाग 'A' से मिलान करने के लिए सभी किनारों पर रेता की जाती है।
11. भाग 'A' और 'B' दोनों सतहों को फाइल करने और फिनिश के लिए फिटिंग शिकंजे में एक साथ रखा जाता है।
12. अब आवश्यक फिटिंग प्राप्त करने के लिए दोनों भागों को जांचें और जोड़ें।
13. अंत में ड्राइंग के अनुसार 6 mm टैपिंग के लिए 5 mm की ड्रिलिंग करें।

7.9 प्रेक्षण और गणना

(प्रयोग के आधार पर संशोधित किया जा सकता है; विद्यार्थी द्वारा भरा जाना है)

क्रमांक	--------------	--------------	% त्रुटी
1.			

7.10 परिणाम एवं/अथवा विवेचना

(विद्यार्थी द्वारा भरा जाना है)

1. ....
2. ....

7.11 निष्कर्ष एवं/अथवा सत्यापन

(विद्यार्थी द्वारा भरा जाना है)

....

....

7.12 प्रयोग संबंधित प्रश्न

(उत्तर के लिए अलग पुस्तिका का प्रयोग करें)

नोटः नीचे संदर्भ के लिए कुछ नमूना प्रश्न दिए गए हैं। पूर्व-निर्धारित पाठ्यक्रम परिणामों की उपलब्धि सुनिश्चित करने के लिए शिक्षकों को ऐसे और अधिक प्रश्न तैयार करने चाहिए।

1. बेंच शिकंजे पर जबड़े क्यों दिए जाते हैं, कारण बताएं।
2. इस प्रयोग में खुरदुरे चपटा रेती का उपयोग निम्न के लिए किया गया है: ....
3. फिटिंग के पुर्जो का वर्गाकारिता जांचने के लिए औजारों के नाम लिखिए।
4. ब्लेड के साथ हैक सॉ का साफ-सुथरा स्केच बनाएं।
5. समतलता और वर्गाकारिता की व्याख्या करें।

7.13 अपशिष्ट का निपटान

(विद्यार्थी द्वारा भरा जाना है)

इस प्रयोग में फेंके जाने वाले अपशिष्ट पदार्थों को निम्नलिखित कूड़ेदानों में वर्गीकृत करें:

अपशिष्ट के प्रकार	डिब्बे (Bin) का रंग	विवरण
बायोडीग्रेडेबल अपशिष्ट	हरा	
ई-अपशिष्ट	काला	
प्लास्टिक एवं धातु के अपशिष्ट	नीला	
अन्य		

7.14 पर्यावरण के अनुकूल दृष्टिकोणः कम उपयोग (रिड्युज), पुनः उपयोग (रियूज) एवं पुनर्चक्रण (रिसायकल)

1. विमाओं को उचित रूप से कम करके इस प्रयोग में कार्यवस्तु का पुनः उपयोग किया जा सकता है।
2. रेता के दौरान प्राप्त महीन धातु के कणों का उपयोग पदार्थ परीक्षण प्रयोगशाला के "मैग्नेटिक क्रैक डिटेक्शन" उपकरण के लिए किया जा सकता है।

7.15 अध्ययन हेतु सुझाए गए संसाधन

1. Workshop Practice Vol-I by Hazra & Choudhary, Media Promotors & Publishers Pvt. Ltd., Delhi, Latest Edition
2. Workshop Practice Vol-I by Raghuvanshi, Dhanpat Rai & Sons,Delhi, Latest Edition

फिटिंग

फिटिंग

7.16 सुझाई गई मूल्यांकन योजना

(शिक्षक द्वारा भरा जाना है)

दिए गए प्रदर्शन सूचक, प्रक्रिया और उत्पाद से संबंधित मूल्यांकन के लिए एक दिशानिर्देश के रूप में कार्य करेंगे।

प्रदर्शन सूचक		भारिता (वेटेज)	दिए गये अंक
प्रक्रिया संबंधित: 6 अंक - 60%			
1.	अंकन और कर्तन	15%	
2.	औजारों/उपकरणों को संभालना	15%	
3.	कार्यवस्तु की जाँच करना	10%	
4.	दल में कार्य करना	5%	
5.	सुरक्षित प्रविधि का पालन करना	5%	
6.	पर्यावरण के अनुकूल दृष्टिकोण का अभ्यास करना	10%	
उत्पाद संबंधित: 4 अंक - 40%			
7.	लेखन परिणाम और/या परिणाम की व्याख्या	5%	
8.	निष्कर्ष	5%	
9.	कार्यवस्तु की शुद्धता	10%	
10.	प्रयोग संबंधित प्रश्न	15%	
11.	बनाई गयी अभ्यास पुस्तिका को समय पर जमा करना	5%	
	कुल	**100%**	

**उत्पाद और प्रक्रिया मूल्यांकन के लिए अंक और प्रतिशत भार शिक्षक द्वारा तय किया जाएगा।*

विद्यार्थी का नाम .... **दिये गए अंक**			**शिक्षक के हस्ताक्षर एवं दिनांक**
प्रक्रिया सम्बंधित	उत्पाद सम्बंधित	कुल	

3 झलाई शाला

प्रासंगिक कोर्स आउटकम (CO) एवं प्रोग्राम आउटकम्स (POs)

CO-3: आर्क, गैस, MIG झलाई उपकरण का उपयोग कर के साधारण सपाट ओर चढ़ाव जोड़ तैयार करें।

कोर्स आउटकम	प्रोग्राम आउटकम्स (POs) के साथ अपेक्षित संबंध *(1- कमजोर सहसंबंध; 2- मध्यम सहसंबंध; 3- मजबूत सहसंबंध)*						
	PO-1: मूलभूत एवं अध्यन संकाय विशिष्ट ज्ञान	**PO-2:** समस्या विश्लेषण	**PO-3:** समाधानों की रुपरेखा / विस्तार	**PO-4:** इंजीनियरिंग उपकरण, प्रयोग और परीक्षण	**PO-5:** समाज एवं पर्यावरणीय स्थायित्व के लिए इंजीनियरिंग कार्यप्रणाली	**PO-6:** परियोजना प्रबंधन	**PO-7:** जीवन-पर्यन्त सीखना
CO-3: आर्क, गैस, MIG झलाई उपकरण का उपयोग कर के साधारण सपाट और चढ़ाव जोड़ तैयार करें।	3	1	1	3	2	-	1

P8 झलाई औजार और उपकरण

8.1 प्रायोगिक कथन

आयताकार जंगला बनाने के लिए उपयुक्त झलाई उपकरणों और मशीनों के चयन के साथ झलाई का कार्य करना।

8.2 प्रायोगिक महत्व

कलपुर्जों के विनिर्माण में, उसके दो या दो से अधिक ठोस भागों को बनाने के लिए विभिन्न संयोजन की प्रक्रियाओं का उपयोग किया जाता है और इसमें शामिल होने की प्रक्रियाओं की दो श्रेणियां होती हैं; स्थायी और अस्थायी। झलाई स्थायी संयोजन की प्रक्रिया की श्रेणी में आती है, जिसमें दो या दो से अधिक ठोस धातुओं को स्थायी रूप से जोड़ा जा सकता है। झलाई का व्यापक रूप से विनिर्माण उद्योगों और भवन निर्माण कार्यों में उपयोग किया जाता है। अतः इस प्रयोग को करने से डिप्लोमा विद्यार्थी को झलाई प्रक्रियाओं और झलाई कार्य से संबंधित उपकरण/यंत्रों के बारे में आवश्यक ज्ञान प्राप्त होगा।

8.3 प्रासंगिक सिद्धांत

झलाई पदार्थों को स्थायी रूप से संयोजित करने की प्रक्रिया है जिसमें पदार्थों को उपयुक्त तापमान पर गर्म करके दबाव के साथ या उसके बिना या सिर्फ दबाव के प्रयोग के साथ और भराव सामग्री के उपयोग के साथ या उसके बिना पदार्थों के सहसंयोजन का उत्पादन किया जाता है। झलाई का उपयोग स्थायी जोड़ बनाने के लिए किया जाता है। इसका उपयोग वाहनों के उपरी भाग, विमान का ढांचा, टैंक, फर्नीचर, वाष्पक, सामान्य मरम्मत कार्य और जलयान के निर्माण में किया जाता है। पदार्थों के उपयोग और निर्माण लागत के मामले में भागों को जोड़ने के लिए झलाई आमतौर पर सबसे किफायती तरीका है।

झलाई के प्रकार: झलाई के दो प्रमुख समूह हैं।

- **प्लास्टिक झलाई (प्लास्टिक वेल्डिंग) या दाब झलाई (प्रेशर वेल्डिंग):** वे धातु के टुकड़े जिन्हें जोड़ा जाना है, उनको प्लास्टिक अवस्था तक गर्म किया जाता है और बाहरी दबाव द्वारा एक साथ जुड़ने के लिए मजबूर किया जाता है जैसे प्रतिरोध झलाई (रेसिस्टेंस वेल्डिंग) के मामले में होता है।
- **द्रवण झलाई या गैर-दाब झलाई:** वस्तु के जिस हिस्से पर झलाई करना है वहा पर के पदार्थ को पिघलने तक गर्म किया जाता है फिर उसे जमने दिया जाता है। जैसे विद्युत् आर्क झलाई और गैस झलाई में होता है।

8.3.1 आर्क झलाई

आर्क झलाई एक झलाई की प्रक्रिया है, जिसमें विद्यूदग्र और कार्यवस्तु के बीच विद्युत आर्क द्वारा ऊष्मा उत्पन्न की जाती है। विद्युत आर्क आयनित गैस के माध्यम से दो विद्यूदग्र के बीच चमकदार वैद्युतिक निस्सरण है।

कोई भी आर्क झलाई विधि विद्युत परिपथ पर आधारित होती है जिसके निम्नलिखित भाग है:

a. बिजली की आपूर्ति (AC अथवा DC);

b. झलाई विद्युदग्र;

c. कार्यवस्तु;

d. झलाई लीड्स (विद्युत् तार), जो विद्युदग्र और कार्यवस्तु को बिजली की आपूर्ति से जोड़ता है।

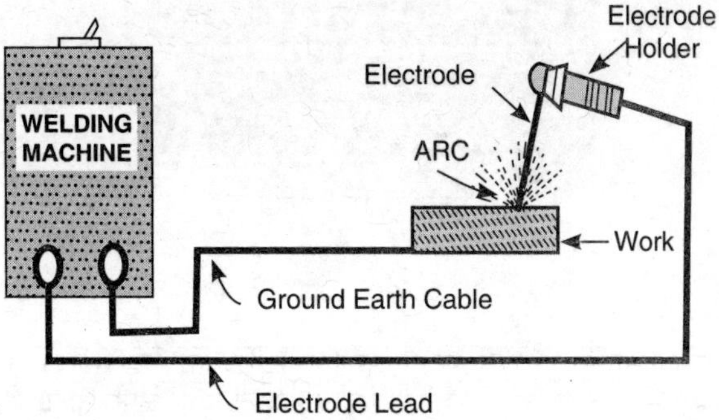

चित्र 8.1: आर्क झलाई व्यवस्था

8.3.1.1 झलाई मशीन

इसमें एक आयताकार स्टील का टैंक होता है जिस पर तीन पहिए लगे होते है। यह AC और DC दोनों पर काम करता है। परिणामित्र मुख्य वोल्टेज आपूर्ति को झलाई वोल्टेज में आवश्यकतानुसार परिवर्तित कर देता है। परिणामित्र (ट्रांसफार्मर) के निर्गम को हैंड व्हील पर घुमाकर बदला जा सकता है, हैण्ड व्हील को घुमाने से चोक के कोर में स्थित वायु-अंतराल परिवर्तित होता है जिसके परिणामस्वरूप 50 और 400 के बीच विद्युत् धारा का स्टीपल विनियमन होता है। झलाई धारा सेटिंग को सीधे विंडो टॉप कवर पर पढ़ा जा सकता है। सेट को 400/440 वोल्ट, 3-फेज, 50 साइकिल AC आपूर्ति की लाइनों से जोड़ा जा सकता है। इसके लिए लगभग 10 ग्राम लीटर क्लास B परिणामित्र की आवश्यकता होती है।

चित्र 8.2: झलाई मशीन

8.3.1.2 झलाई विद्युदग्र

झलाई के लिए उपभोग्य और गैर-उपभोग्य विद्युदग्र दोनों का उपयोग किया जाता है। गैर-उपभोग्य विद्युदग्र कार्बन, ग्रेफाइट या टंगस्टन से बने हो सकते हैं जो झलाई ऑपरेशन के दौरान उपभोग नहीं होते हैं। उपभोग्य विद्युदग्र विभिन्न धातुओं से बने हो सकते हैं जो उनके झलाई के उद्देश्य और जिन धातुओं को जोड़ा जाना है, उनकी रासायनिक संरचना पर निर्भर करते है।

चित्र 8.3: विद्युदग्र

8.3.1.3 विद्युदग्र होल्डर

विद्युदग्र धारक या स्ट्रिंगर विभिन्न आकारों में आते हैं। वे आम तौर पर सिर के आकार के बने होते हैं जो आर्क झलाई विद्युदग्र के एम्परेज आउटपुट से मेल खाते हैं। आमतौर पर इस्तेमाल की जाने वाली होल्डर की सीमा 50 से 500 एम्पीयर तक होती है। ये विद्युदग्र को मजबूती से पकड़ने के साधन हैं। चित्र 8.4 में दिखाया गया है।

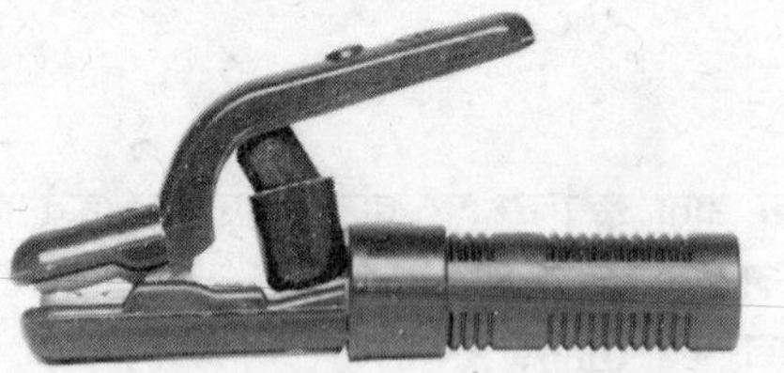

चित्र 8.4: विद्युदग्र होल्डर

8.3.1.4 भू-योजन क्लैंप (अर्थ क्लैंप)

भू-योजन क्लैम्प्स को ग्राउंड क्लैम्प्स के रूप में भी जाना जाता है और इसका उपयोग भू-तार को कार्यवस्तु या वर्क बेंच से जोड़ने के लिए किया जाता है, जिस पर कार्यवस्तु स्थित होते हैं। भू-योजन क्लैंप झलाई विद्युत् परिपथ का एक हिस्सा होने के कारण उपकरणों को बिना ज़्यादा गरम किए झलाई विद्युत् धारा ले जाने में सक्षम होना चाहिए। चित्र 8.5 में दिखाया गया है।

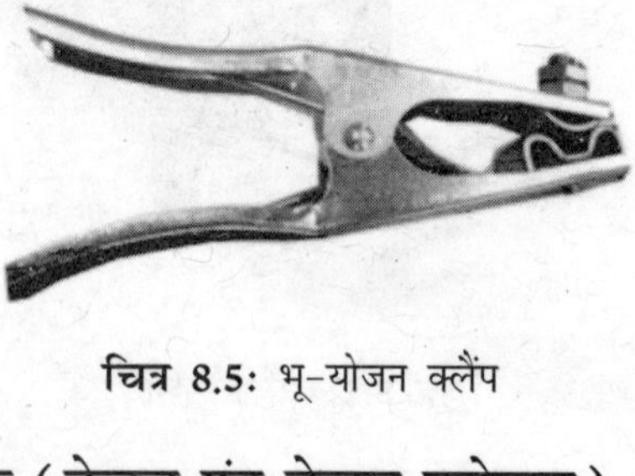

चित्र 8.5: भू-योजन क्लैंप

8.3.1.5 तार और तार संयोजक (केबल एंड केबल कनेक्टर)

कार्यवस्तु तक झलाई विद्युत् धारा ले जाने वाले तार बहुत लचीले होते हैं और आमतौर पर तांबे और एल्यूमीनियम से बने होते हैं। संयोंजकों का उपयोग डिजाईन की गयी क्षमता के अनुसार विद्युदग्र के लीड से तार तक वेल्डिंग करंट को ले जाने के लिए किया जाता है और यह इलेक्ट्रिक स्पार्क की घटना से भी बचाता है। यांत्रिक संयोजक आसानी से जोड़ा और अलग किया जा सकता है और यह अच्छी संयोंजकता प्रदान करते है। चित्र 8.6 में दिखाया गया है।

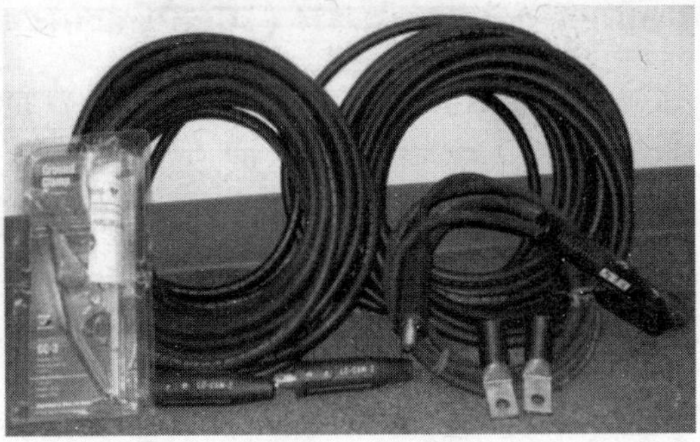

चित्र 8.6: तार और तार संयोजक

8.3.1.6 चिपिंग हथौड़ा

झले बेड को छीलने के लिए मुख्य उपकरण चिपिंग हथौड़ा है। चिपिंग हथौड़ा छेनी के आकार का होता है और उसका एक सिरा नुकीला होता है जिस कारण धातुमल को आसानी से हटाया जा सकता है। चित्र 8.7 में दिखाया गया है।

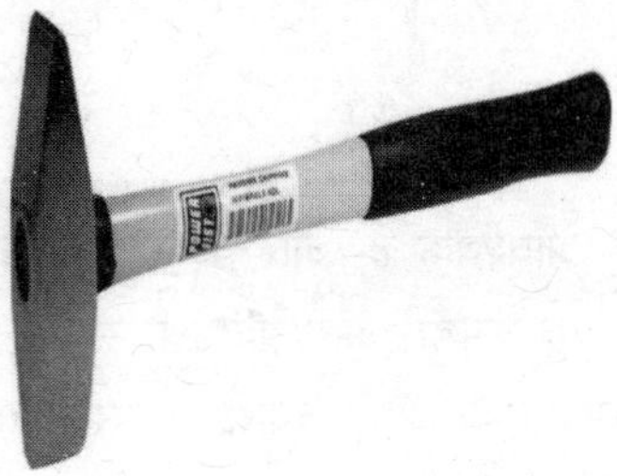

चित्र 8.7: चिपिंग हथौड़ा

8.3.1.7 तार ब्रश

तार ब्रश जो छोटे कणों या धातुमल को हटाता है, आम तौर पर लकड़ी में धंसे कड़े स्टील के तार से बना होता है। पावर वायर व्हील्स, जब उपलब्ध हों, तार ब्रश के स्थान पर उपयोग किए जा सकते हैं। चित्र 8.8 में दिखाया गया है।

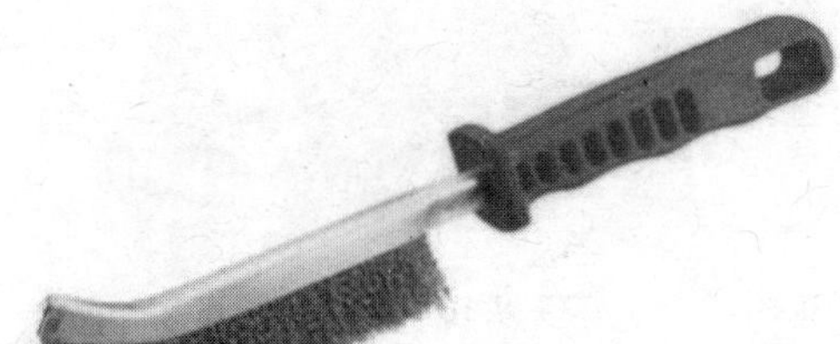

चित्र 8.8: तार ब्रश

8.3.2 व्यक्तिगत सुरक्षा उपकरण

व्यक्तिगत सुरक्षा उपकरण झलाई ऑपरेशन के दौरान झलाईगर की सुरक्षा करता है, और चोट के जोखिम को कम करता है। इन उपकरणों के निम्नलिखित कुछ उदाहरण हैं–

8.3.2.1 झलाई शिरस्त्राण और हस्त धारित कवच (वेल्डिंग हेलमेट और हैण्ड हेल्ड शील्ड)

मुख शिरस्त्राण कवच और हस्त धारित मुख कवच आमतौर पर आर्क-झलाई में उपयोग किए जाते हैं। झलाई शिरस्त्राण सिर के ऊपर फिट हो जाता है और झलाई न करने पर मोड़ कर तह किया जाता है। यह दबाए गए कुचालक फाइबर पदार्थ से बना होता है और सामान्य तौर पर, यह रंग में फीका काला होता है।

हस्त धारित कवच शिरस्त्राण के समान सुरक्षा प्रदान करती है लेकिन हत्थे द्वारा वांछित स्थिति में रखी जाती है। मुख शिरस्त्राण कवच आम तौर पर पूरे चेहरे को ढक सकता है। यह अवरक्त और पराबैंगनी किरणों से बचाता है। चित्र में दिखाया गया है।

8.3.2.2 हाथ के दस्ताने

आमतौर पर, झलाई की दुकान में, हाथों को पराबैंगनी और अवरक्त विकिरण से बचाने के साथ-साथ हवा के कॉलम से निकलने वाली गर्मी से बचाने के लिए लंबे गौंटलेट दस्ताने का भी इस्तेमाल किया जाना चाहिए। चित्र 8.10 में दिखाया गया है।

8.3.2.3 सुरक्षात्मक वस्त्र

झलाई ऑपरेशन के लिए सुरक्षात्मक कपड़े आवश्यक हैं, और ये निर्माण किए जाने वाले कार्यवस्तु के आकार, प्रकृति और स्थान के अनुसार अलग-अलग होंगे। यह चमड़ा, आग प्रतिरोधी सामग्री, या अन्य उपयुक्त सामग्री से बना होता है और इसे पिघले हुए धातु के छींटे, विकिरण ऊष्मा और चिंगारी से सुरक्षा के लिए पहना जाना चाहिए। दस्ताने सहित कपड़ों को हमेशा सूखा रखना चाहिए।

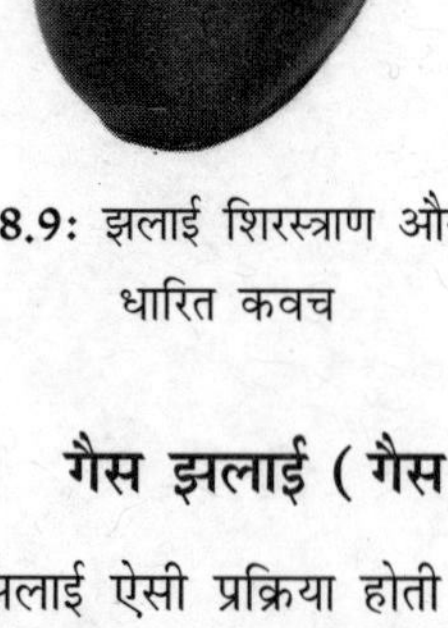

चित्र 8.9: झलाई शिरस्त्राण और हस्त धारित कवच

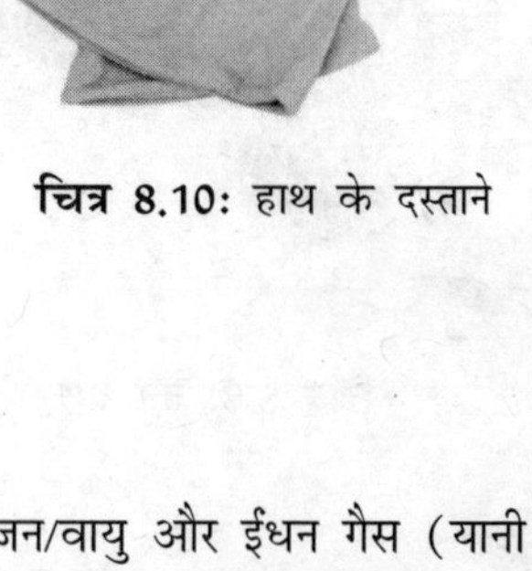

चित्र 8.10: हाथ के दस्ताने

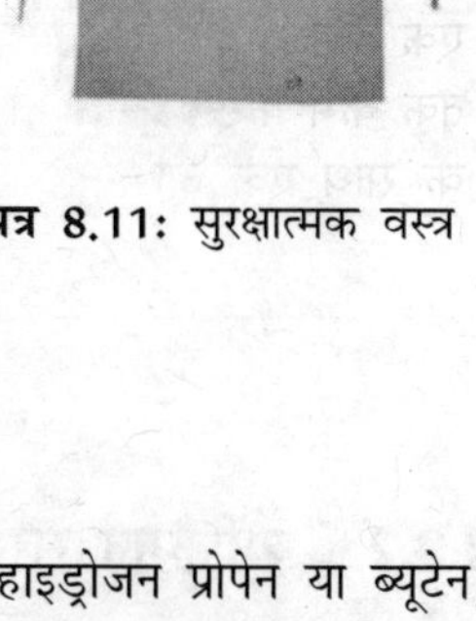

चित्र 8.11: सुरक्षात्मक वस्त्र

8.3.3 गैस झलाई (गैस वैल्डिंग)

द्रवण झलाई ऐसी प्रक्रिया होती है जो ऑक्सीजन/वायु और ईंधन गैस (यानी एसिटिलीन, हाइड्रोजन प्रोपेन या ब्यूटेन) मिश्रण के दहन की ऊष्मा का उपयोग करके धातुओं को जोड़ती है, आमतौर पर 'गैस झलाई' के रूप में जानी जाती है। इस प्रक्रिया से उत्पन्न तीव्र ऊष्मा (लौ) से झलाई की जाने वाली धातु के भाग पिघलते है और सामान्य तौर पर भराव सामग्री के साथ जुड़ जाते है, गैस झलाई उपकरण का विवरण 8.3.3.1 से 8.3.3.5 तक दिया गया है।

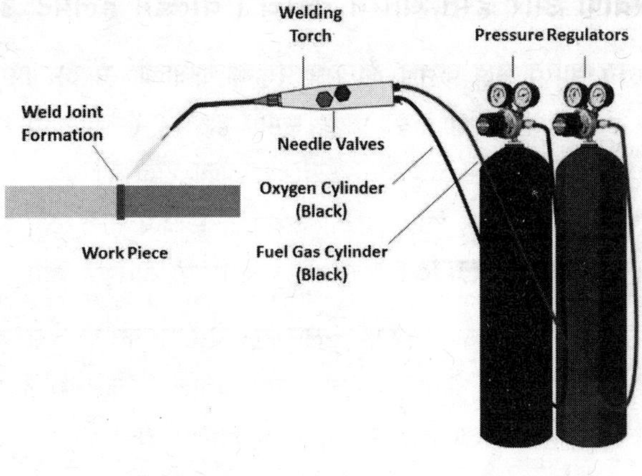

चित्र 8.12: गैस झलाई व्यवस्था

8.3.3.1 झलाई टार्च

टार्च वह उपकरण है जिसे झलाईगर पकड़ता है और वेल्ड बनाने के लिए टार्च को यहा से वहा चलाता है। साथ ही साथ इसमें ईंधन गैस के लिए एक कनेक्शन और कपाट है और ऑक्सीजन के लिए एक कनेक्शन और कपाट है, झलाईगर को पकड़ने के लिए एक हत्था, एक मिश्रण कक्ष (एक कोण पर सेट) जहां ईंधन गैस और ऑक्सीजन मिश्रित होते है, और एक मुखाग्र जहां लौ बनती है। चित्र 8.13 में दिखाया गया है।

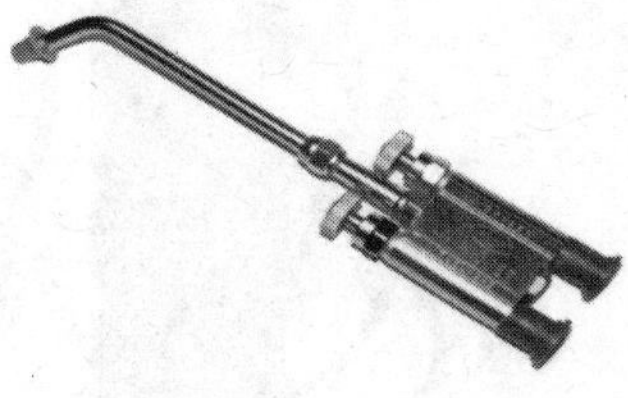

चित्र 8.13: झलाई टार्च

8.3.3.2 झलाई पिन

झलाई पिन को एक लंबे संकीर्ण दंड के साथ डिजाइन किया गया है, जिसे मुख्य रूप से नलिका अस्तर को धातु नलिका कार्य, या अन्य सामग्रियों को धातु की सतहों पर जकड़ने के लिए धातु की सतह पर चित्ती झलाई की जाती है। जैसा कि चित्र 8.14 में दिखाया गया है।

8.3.3.3 दाब नियामक (प्रेशर रेगुलेटर)

एक दबाव नियामक एक नियंत्रण वाल्व है जो किसी तरल पदार्थ के निविष्ट दबाव को उसके निर्गम पर वांछित मूल्य तक कम कर देता है। नियामकों का उपयोग गैसों और तरल पदार्थों के लिए किया जाता है, और निर्गम दबाव व्यवस्था के साथ एक अभिन्न उपकरण हो सकता है। जैसा कि चित्र 8.15 में दिखाया गया है।

चित्र 8.14: झलाई पिन

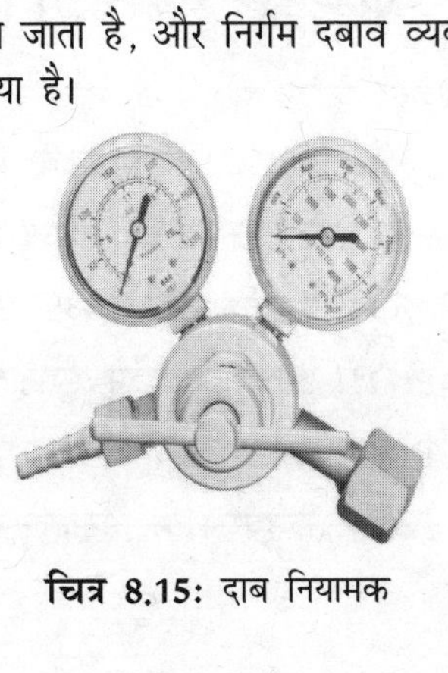

चित्र 8.15: दाब नियामक

8.3.3.4 ऑक्सीजन एसिटिलीन सिलेंडर

एसिटिलीन गैस का उपयोग आमतौर पर गैस झलाई के लिए किया जाता है क्योंकि इसके उत्पादन और परिवहन में आसानी होती है और दहन से उच्च तापमान प्राप्त करने की क्षमता होती है (जैसे लगभग 5,000 °F)। चित्र 8.16 में दिखाया गया है।

8.3.3.5 चिंगारी ज्वालक (स्पार्क लाइटर)

चिंगारी ज्वालक एक ऐसा उपकरण है जिसका उपयोग ज्वलनशील गैस उपकरणों जैसे बन्सन बुर्नर, झलाई टॉर्च और गैस ग्रिल को प्रज्वलित करने के लिए किया जाता है। एक चिंगारी ज्वालक ज्वलनशील गैस वाष्प को प्रज्वलित करने के लिए पर्याप्त ऊष्मा वाली चिंगारी पैदा करता है। चित्र 8.17 में दिखाया गया है।

चित्र 8.16: ऑक्सीजन एसिटिलीन सिलेंडर

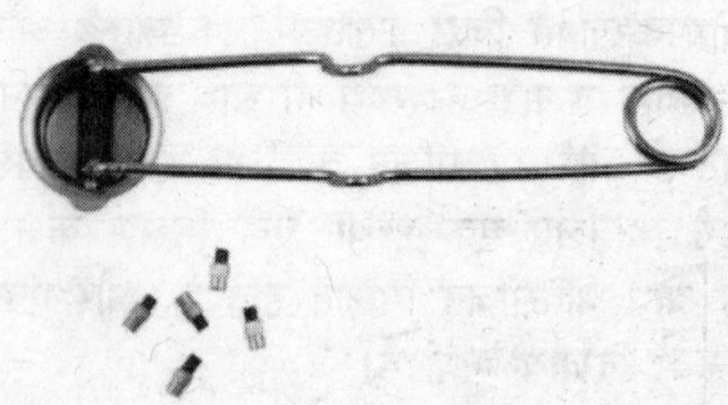

चित्र 8.17: चिंगारी ज्वालक

8.3.4 खिड़की जंगला (विंडो ग्रिल)

जंगला एक खिड़की या दरवाजे पर सजावटी ढांचा होता हैं जिसमें क्षैतिज और/या ऊर्ध्वाधर छड़ होते हैं जो कांच की बड़ी चादर को छोटे कांचपट्ट में विभाजित करते हैं।

8.4 प्रैक्टिकल आउटकम्स (PrO)

इस विषय के पाठ्यक्रम से व्युत्पन्न प्रायोगिक परिणाम:

PrO1: दिए गए खिड़की के लिए उपयुक्त झलाई प्रक्रिया का चयन करें।

PrO2: उपयुक्त झलाई मशीन और उपकरण की पहचान करना और उनका चयन करना।

PrO3: उपयुक्त औजारों और उपकरणों का सही ढंग से उपयोग करें।

PrO4: झलाई शाला में सुरक्षित अभ्यासो का पालन करें।

PrO5: दल के सदस्य के रूप में काम करें।

PrO6: पर्यावरण के अनुकूल दृष्टिकोंण का उपयोग करे।

8.5 प्रायोगिक व्यवस्था (स्केच/कार्य स्थिति)

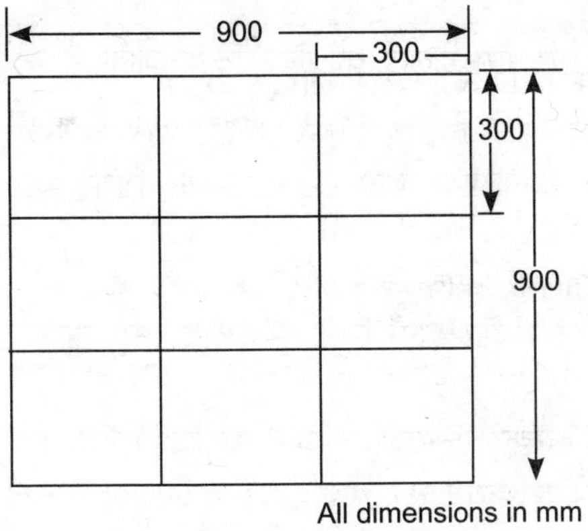

चित्र 8.18: जंगले की रुपरेखा

8.6 आवश्यक संसाधन

(इस प्रयोग के लिए विद्यार्थी चित्र 8.18 में दिखाए गए झलाई कार्य के लिए उपयुक्त झलाई विधि और संबंधित औजार और उपकरण का चयन करेंगे)

क्रमांक	सुझाए गए संसाधन मशीनें/ औजार/ यंत्र महत्वपूर्ण विशिष्टताओं के साथ	मात्रा	उपयोग किये गए वास्तविक संसाधन मशीनें/ औजार/यंत्र विस्तृत विशिष्टताओं के साथ (विद्यार्थी द्वारा भरा जाना है)		टिप्पणी (यदि कोई हो)
			उत्पाद का नाम (मेक)	विवरण	
1.					
2.					
3.					
4.					
5.					
6.					
7.					
8.					
9.					

8.7 सावधानियाँ

1. ढीले कपड़े न पहने, कर्मशाला में हमेशा चमड़े के जूते पहनें।
2. बिजली के झटके से बचने के लिए झलाई क्षेत्र को हमेशा सूखा रखना चाहिए।
3. नंगे विद्युदग्र को न छुएं।
4. झलाई करते समय हमेशा मुख कवच या चश्में का इस्तेमाल करें।
5. जब तक आप ऐसा करने के लिए अधिकृत न हों तब तक कभी भी मशीन का संचालन न करें।
6. उपकरण और औजारों का सही ढंग से उपयोग करें।

8.8 प्रयोग विधि

1. आकृति 8.18 में दी गई कार्यवस्तु को देखें, जंगले को पूरा करने के लिए 8 मिमी या 10 मिमी के वर्गाकार सलाखों के आवश्यक आकार का चयन करें और काटें।
2. झलाई मशीन का चयन करें। कार्य के टुकड़े को झलाई टेबल पर स्थित करें।
3. विद्युदग्र को विद्युदग्र धारक में फंसाया जाता है और झलाई विद्युत् धारा को कार्यवस्तु की आवश्यकतानुसार उचित मान पर सेट किया जाता है।
4. जंगले के छड़ो को 90 डिग्री पर संपर्क करें और टेक वेल्ड करें।
5. टुकड़ों को लंबाई के साथ रखें और दोनों सिरों पर झलाई करें, ताकि झलाई तनाव के तहत टुकड़े खिसके ना।
6. चिपिंग हथौड़ा का उपयोग करके धातुमल (स्लेग) को हटा दें।
7. स्टील तार ब्रश की मदद से कार्यवस्तु को साफ करें।
8. टेबल को साफ करें और औजारों को सही जगह पर रखें।

8.9 प्रेक्षण और गणना

(प्रयोग के आधार पर संशोधित किया जा सकता है; विद्यार्थी द्वारा भरा जाना है)

क्रमांक	-------------	-------------------		% त्रुटी
1.				

8.10 परिणाम एवं/अथवा विवेचना

(विद्यार्थी द्वारा भरा जाना है)

1. ....
2. ....

8.11 निष्कर्ष एवं/अथवा सत्यापन

(विद्यार्थी द्वारा भरा जाना है)

....

....

8.12 प्रयोग संबंधित प्रश्न

(उत्तर के लिए अलग पुस्तिका का प्रयोग करें)

नोट: नीचे संदर्भ के लिए कुछ नमूना प्रश्न दिए गए हैं। पूर्व-निर्धारित पाठ्यक्रम परिणामों की उपलब्धि सुनिश्चित करने के लिए शिक्षकों को ऐसे और अधिक प्रश्न तैयार करने चाहिए।

1. झलाई प्रक्रिया का वर्णन करें।
2. झलाई के दो बुनियादी प्रकार बताइए।
3. इस प्रयोग में बरती जाने वाली महत्वपूर्ण सुरक्षा सावधानियाँ लिखिए।
4. इस प्रयोग में प्रयुक्त झलाई उपकरण के कार्य सिद्धांत का वर्णन करें।

8.13 अपशिष्ट का निपटान

इस प्रयोग में फेंके जाने वाले अपशिष्ट पदार्थों को निम्नलिखित कूड़ेदानों में वर्गीकृत करें:

अपशिष्ट के प्रकार	डिब्बे (Bin) का रंग	विवरण
बायोडीग्रेडेबल अपशिष्ट	हरा	
ई-अपशिष्ट	काला	
प्लास्टिक एवं धातु के अपशिष्ट	नीला	
अन्य		

8.14 पर्यावरण के अनुकूल दृष्टिकोणः कम उपयोग (रिड्यूस), पुनः उपयोग (रियूज) एवं पुनर्चक्रण (रिसायकल)

विमाओं को उचित रूप से कम करके इस प्रयोग में कार्यवस्तु का पुनः उपयोग किया जा सकता है।

8.15 अध्ययन हेतु सुझाए गए संसाधन

1. Workshop Practice Vol-I by Hazra & Choudhary, Media Promoters & Publisher Pvt. Ltd. Mumbai, 14th edition 2010
2. Workshop Practice Vol-I by Raghuvanshi, Dhanpat Rai & Co. (P) Ltd. Delhi 2014
3. Welding Processes and Technology by R. S. Parmar, Khanna Publishers Delhi, Latest Edition

झलाई औजार और उपकरण

8.16 सुझाई गई मूल्यांकन योजना

(शिक्षक द्वारा भरा जाना है)

दिए गए प्रदर्शन सूचक, प्रक्रिया और उत्पाद से संबंधित मूल्यांकन के लिए एक दिशानिर्देश के रूप में कार्य करेंगे।

प्रदर्शन सूचक		भारिता (वेटेज)	दिए गए अंक
प्रक्रिया संबंधितः 6 अंक - 60%			
1.	अंकन और कर्तन	15%	
2.	औजारों/उपकरणों को संभालना	15%	
3.	कार्यवस्तु की जाँच करना	10%	
4.	दल के रूप में कार्य करना	5%	
5.	सुरक्षित प्रविधि का पालन करना	10%	
6.	पर्यावरण के अनुकूल दृष्टिकोण का अभ्यास करना	5%	

प्रदर्शन सूचक		भारिता (वेटेज)	दिए गए अंक
उत्पाद संबंधितः 4 अंक - 40%			
7.	लेखन परिणाम और/या व्याख्या	10%	
8.	निष्कर्ष	5%	
9.	कार्यवस्तु की यथार्थता	10%	
10.	प्रयोग संबंधित प्रश्न	10%	
11.	बनाई गयी अभ्यास पुस्तिका को समय पर जमा करना	5%	
	कुल	**100%**	

*उत्पाद और प्रक्रिया मूल्यांकन के लिए अंक और प्रतिशत भार शिक्षक द्वारा तय किया जाएगा।

विद्यार्थी का नाम... दिए गए अंक			शिक्षक के हस्ताक्षर एवं दिनांक
प्रक्रिया सम्बंधित	उत्पाद सम्बंधित	कुल	

P9 चढ़ाव जोड़

9.1 प्रायोगिक कथन

आर्क झलाई विधि का प्रयोग करते हुए दिए गए विमाओं के अनुसार चढ़ाव झलाई जोड़ तैयार करना।

9.2 प्रायोगिक महत्व

प्रत्येक मैकेनिकल डिप्लोमा इंजीनियर को विभिन्न झलाई विधियों, झलाई उपकरण, झलाई जोड़ों के प्रकार, झलाई की स्थिति, चढ़ाव जोड़ तैयार करने के लिए उपयुक्त औजारों और उपकरणों के उपयोग के बारे में पता होना चाहिए। चढ़ाव जोड़ का उपयोग अक्सर दो धातुओं की विभिन्न मोटाई के टुकड़ों को जोड़ने के लिए किया जाता है। चढ़ाव जोड़ का यह प्रयोग विद्यार्थियों को चढ़ाव जोड़ तैयार करने के लिए झलाई उपकरण के संचालन से संबंधित कौशल विकसित करने में मदद करेगा।

9.3 प्रासंगिक सिद्धांत

9.3.1 झलाई जोड़

'झलाई जोड़' शब्द से तात्पर्य धातु के टुकड़ों को एक साथ रखने या एक दूसरे के साथ संरेखित करने के तरीके से है। प्रत्येक जोड़ का डिजाइन पूर्ण वेल्ड की गुणवत्ता और लागत को प्रभावित करता है। झलाई कार्य के लिए सबसे उपयुक्त जोड़ के डिजाइन का चयन करने के लिए विशेष ध्यान और कौशल की आवश्यकता होती है।

आमतौर पर उद्योग में उपयोग किए जाने वाले पांच बुनियादी झलाई जोड़ के निम्नलिखित प्रकार हैं:-

1. सपाट जोड़
2. टी(T) जोड़
3. कोना जोड़
4. चढ़ाव जोड़
5. सिरा जोड़

9.3.1.1 सपाट जोड़

सपाट जोड़ दो प्लेटों के सिरों या किनारों को झलाई करके प्राप्त किया जाता है, जो लगभग एक ही तल में स्थित होते हैं। सपाट जोड़ में, प्लेट की मोटाई 5 मिमी से कम होने पर प्लेट किनारों को बेवलिंग की आवश्यकता नहीं होती है। दूसरी ओर, यदि प्लेट की मोटाई 5 मिमी से 12.5 मिमी है, तो किनारों को V या U-नाली के लिए बेवल किया जाना चाहिए और 12.5 मिमी से अधिक मोटाई वाली प्लेटों में दोनों तरफ V या U-नाली होनी चाहिए।

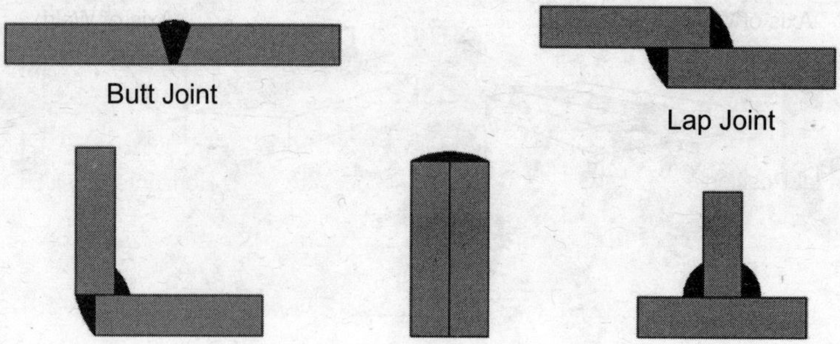

चित्र 9.1: झलाई जोड़

9.3.1.2 चढ़ाव जोड़

जैसा कि नाम से ही स्पष्ट है कि दो अतिव्यापी प्लेटों को जोड़ने के लिए उपयोग किया जाता है ताकि प्रत्येक प्लेट के किनारे को अन्य सामान्य चढ़ाव जोड़ों की सतह पर झला जा सके, जैसे एकल चढ़ाव जोड़ और द्वि-चढ़ाव जोड़। इसे 3 मिमी से कम मोटाई के लिए अपनाया जाता है।

9.3.1.3 टी-जोड़

इसका उपयोग दो भागों या अनुभाग को झलने के लिए किया जाता है जिनकी सतहें एक दूसरे से लगभग समकोण पर होती हैं। एक समान पैठ और संलयन सुनिश्चित करने के लिए प्लेटों या सतहों को अच्छी तरह से फिट होना चाहिए।

9.3.1.4 कोना जोड़

इसका उपयोग दो चादरों या प्लेटों के किनारों को जोड़ने के लिए किया जाता है जिनकी सतह एक दूसरे से लगभग 90 डिग्री के कोण पर होती है। यह जोड़ आमतौर पर बक्से, टैंक, ढांचे और इन्ही समान अन्य वस्तुओं के निर्माण में काम आता है।

9.3.1.5 सिरा जोड़

इसमें झलाई के माध्यम से दो समानांतर प्लेटों को जोड़ना शामिल है। इस जोड़ का उपयोग अक्सर धातु के चादर के कार्यों में किया जाता है। यह 6 मिमी से कम मोटाई वाली प्लेटों के लिए किफायती है।

9.3.2 झलाई की स्थितियाँ

झलाई की स्तिथियों को निम्नानुसार वर्गीकृत किया गया है:

9.3.2.1 सपाट स्थिति (F)

इस स्थिति में, भराव धातु को वेल्ड क्षैतिज के सम्मुख जोड़ के ऊपरी हिस्से से जमा किया जाता है।

9.3.2.2 क्षैतिज स्थिति (H)

इस स्थिति में, वेल्ड को एक क्षैतिज तल पर ऊर्ध्वाधर सतह के किनारे जमा किया जाता है।

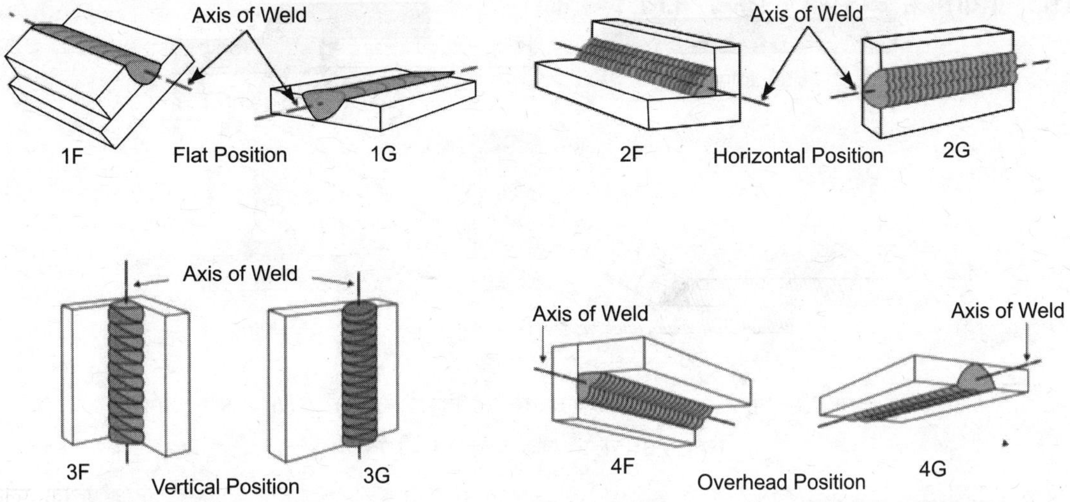

चित्र 9.2: झलाई की स्थितियाँ

9.3.3 लंबवत स्थिति (V)

इस स्थिति में, झलाई की रेखा एक ऊर्ध्वाधर तल में होती है और वेल्ड एक ऊर्ध्वाधर सतह पर जमा हो जाती है।

9.3.4 शिरोपरि जोड़ (O) (ओवरहेड पोजिसिन)

इस स्थिति में, जोड़ के नीचे की तरफ से वेल्ड जमा होता है और वेल्ड का पृष्ठ क्षैतिज होता है। यह सपाट झलाई का उल्टा है।

9.4 प्रैक्टिकल आउटकम्स (PrO)

इस विषय के पाठ्यक्रम से व्युत्पन्न प्रायोगिक परिणामः

PrO1 : चढ़ाव जोड़ तैयार करने के लिए उपयुक्त झलाई मशीन, औजार और संबंधित विद्युदग्र और अन्य वस्तुओं का चयन करें।

PrO2 : दिए गए चढ़ाव जोड़ को तैयार करने के लिए उपयुक्त झलाई मापदंडों का चयन करें।

PrO3 : चयनित झलाई औजारों और उपकरणों का सही ढंग से उपयोग करें।

PrO4 : सुरक्षित प्रविधि का पालन करें।

PrO5 : दल के सदस्य के रूप में काम करें।

PrO6 : पर्यावरण के अनुकूल दृष्टिकोंण का उपयोग करे।

9.5 प्रायोगिक व्यवस्था (स्केच/कार्य स्थिति)

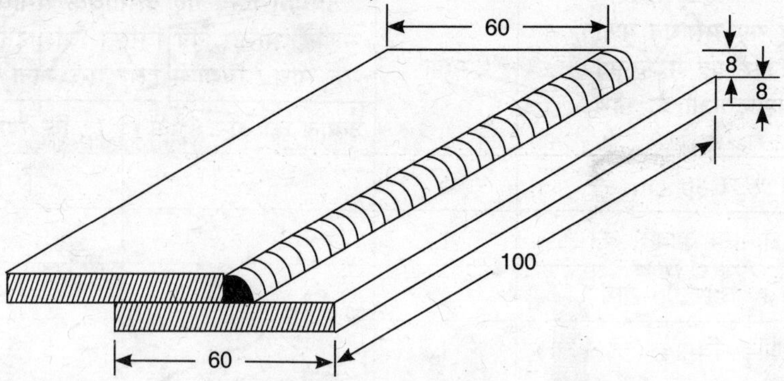

सभी विमायें मिलीमीटर (mm) में है कार्यवस्तु की विमायें = 100 × 60 × 8 (2 नग)

चित्र 9.3: चढ़ाव जोड़ कार्यवस्तु की विमायें

9.6 आवश्यक संसाधन

क्रमांक	सुझाए गए संसाधन मशीनें/औजार/यंत्र महत्वपूर्ण विशिष्टताओं के साथ	मात्रा	उपयोग किये गए वास्तविक संसाधन मशीनें/औजार/यंत्र विस्तृत विशिष्टताओं के साथ (विद्यार्थी द्वारा भरा जाना है)		टिप्पणी (यदि कोई हो)
			उत्पाद का नाम (मेक)	विवरण	
1.	माइल्ड स्टील कार्य वस्तु 100 × 60 × 8 mm	2			
2.	आर्क झलाई मशीन 200 amp	1			
3.	झलाई विद्युदग्र 2.5-3mm	5			
4.	विद्युदग्र धारक	1			
5.	भू योजन क्लैंप	1			
6.	सपाट नाक संदंशिका	1			
7.	मुख कवच उपयुक्त आकार का	न्यूनतम 1			
8.	एप्रन उपयुक्त आकार का, चमड़े को प्राथमिकता	1			
9.	हाथ के दस्ताने उपयुक्त आकार का	1			
10.	धात्विक कार्य मेज 2.5 × 5 फीट	1			
11.	बेंच शिकंजा 100 mm	1			
12.	खुरदुरी चपटी रेती पीवीसी हैंडल के साथ बास्टर्ड कट चपटी रेती 10" (250 मिमी)	1			
13.	ट्राय स्क्वायर 6"	1			

क्रमांक	सुझाए गए संसाधन मशीनें/औजार/यंत्र महत्वपूर्ण विशिष्टताओं के साथ	मात्रा	उपयोग किये गए वास्तविक संसाधन मशीनें/औजार/यंत्र विस्तृत विशिष्टताओं के साथ (विद्यार्थी द्वारा भरा जाना है)		टिप्पणी (यदि कोई हो)
			उत्पाद का नाम (मेक)	विवरण	
14.	स्टील का फुट्टा 30 cm	1			
15.	तार ब्रश सामान्य आकार का	1			
16.	बॉल पीन हथौड़ा 500 ग्राम	1			
17.	चिपिंग हथौड़ा विमायें (लं $\times$ चौ) 12.9 $\times$ 28	1			
18.	तार और तार संयोजक	आवश्यकता अनुसार			

9.7 सावधानियाँ

1. झलाई मशीन का उचित कनेक्शन सुनिश्चित किया जाये और इसे ठीक से भू-योजन किया जाना चाहिए।
2. तार और विद्युदग्र धारक पर टूटे हुए विद्युत् रोधन की जांच करें।
3. झलाई शाला में हमेशा रबड़ के सोल के जूतों का इस्तेमाल करें।
4. बिजली के झटके से बचने के लिए झलाई क्षेत्र को हमेशा सूखा रखना चाहिए।
5. नंगे विद्युदग्र को न छुएं।
6. मानव शरीर की रक्षा के लिए काले चश्मे, दस्ताने का प्रयोग करें।
7. झलाई ऑपरेशन के दौरान हमेशा मुख कवच का इस्तेमाल करें।
8. निरंतर आर्क लंबाई बनाए रखें।

9.8 प्रयोग विधि

1. दिए गए विमाओं के दो माइल्ड स्टील के टुकड़े लें और सतहों को जंग, धूल के कणों, तेल और ग्रीस को अच्छी तरह साफ करें।
2. नुकीले कोनों और उबड़ खाबड़ सतह को रेता करके या घिसकर हटा दें और कार्यवस्तु तैयार कर लें।
3. ड्राइंग के अनुसार चढ़ाव जोड़ बनाने के लिए कार्यवस्तु को झलाई मेज पर रखा जाता है।
4. विद्युदग्र को विद्युदग्र धारक में फिट किया जाता है और झलाई विद्युत् धारा को उचित मान पर सेट किया जाता है।
5. भू-योजन क्लैंप को झलाई मेज पर फँसाया जाता है।
6. दिए गए चित्र के अनुसार कार्य के टुकड़े को संरेखित करें।
7. अतिव्यापी टुकड़ों को प्रयोग के दौरान सावधानी से पकड़े।
8. आर्क को टकराया जाता है और कार्य के टुकड़ों को दोनों तरफ के सिरों पर टेक वेल्डिंग की जाती है।
9. झलाई तब दोनों तरफ, चढ़ाव जोड़ की पूरी लंबाई में की जाती है।
10. उचित चाप लंबाई के लिए प्लेटों और विद्युदग्र के बीच 3 मिमी का अंतर बनाए रखना।
11. धातुमल, छींटो को निकालें और जोड़ को साफ करें।
12. टेबल को साफ करें और औजार को सही जगह पर रखें।

9.9 प्रेक्षण और गणना

(प्रयोग के आधार पर संशोधित किया जा सकता है; विद्यार्थी द्वारा भरा जाना है)

क्रमांक	--------------	-------------------		% त्रुटी
1.				

9.10 परिणाम एवं/अथवा विवेचना

(विद्यार्थी द्वारा भरा जाना है)

1. ....
2. ....

9.11 निष्कर्ष एवं/अथवा सत्यापन

(विद्यार्थी द्वारा भरा जाना है)

1. ....
2. ....

9.12 प्रयोग संबंधित प्रश्न

(उत्तर के लिए अलग पुस्तिका का प्रयोग करें)

नोट: नीचे संदर्भ के लिए कुछ नमूना प्रश्न दिए गए हैं। पूर्व-निर्धारित पाठ्यक्रम परिणामों की उपलब्धि सुनिश्चित करने के लिए शिक्षकों को ऐसे और अधिक प्रश्न तैयार करने चाहिए।

1. चढ़ाव जोड़ के क्षेत्र/औद्योगिक अनुप्रयोगों का उल्लेख कीजिए।
2. प्लेट और विद्युदग्र के बीच अंतर बनाए रखने का कारण बताएं।
3. झलाई मापदंडों के चयन की प्रक्रिया का वर्णन करें।
4. इस प्रयोग में प्रयुक्त झलाई मशीन की प्रमुख विशेषताए लिखिए।

9.13 अपशिष्ट का निपटान

इस प्रयोग में फेंके जाने वाले अपशिष्ट पदार्थों को निम्नलिखित कूड़ेदानों में वर्गीकृत करें:

अपशिष्ट के प्रकार	डिब्बे (Bin) का रंग	विवरण
बायोडीग्रेडेबल अपशिष्ट	हरा	
ई-अपशिष्ट	काला	
प्लास्टिक एवं धातु के अपशिष्ट	नीला	
अन्य		

9.14 पर्यावरण के अनुकूल दृष्टिकोण: कम उपयोग (रिड्यूस), पुनः उपयोग (रियूज) एवं पुनर्चक्रण (रिसायकल)

1. विमाओं को उचित रूप से कम करके इस प्रयोग में कार्यवस्तु का पुनः उपयोग किया जा सकता है।
2. प्रयुक्त कार्यवस्तु को पुनःनवीनीकरण किया जा सकता है।

9.15 अध्ययन हेतु सुझाए गए संसाधन

1. Workshop Practice Vol-I byHazra& Choudhary, Media Promoters & Publisher Pvt.Ltd. Mumbai, 14th edition 2010
2. Workshop Practice Vol-I by Raghuvanshi, Dhanpat Rai & Co.(P) Ltd. Delhi 2014
3. Welding Processes and Technology by R. S. Parmar, Khanna Publishers Delhi, Latest Edition

स्थाई जोड़

झलाई स्थितियों के प्रकार

9.16 सुझाई गई मूल्यांकन योजना

(शिक्षक द्वारा भरा जाना है)

दिए गए प्रदर्शन सूचक, प्रक्रिया और उत्पाद से संबंधित मूल्यांकन के लिए एक दिशानिर्देश के रूप में कार्य करेंगे।

	प्रदर्शन सूचक	भारिता (वेटेज)	दिए गए अंक
प्रक्रिया संबंधित: 6 अंक - 60%			
1.	वर्कपीस तैयार करना	5%	
2.	झलाई मशीन की स्थापना	15%	
3.	झलाई ऑपरेशन करना	15%	
4.	दल के रूप में कार्य करना	5%	
5.	सुरक्षित प्रविधि का पालन करना	10%	
6.	पर्यावरण के अनुकूल दृष्टिकोण/दृष्टिकोणों का अभ्यास करना	10%	
उत्पाद संबंधित: 4 अंक - 40%			
7.	लेखन परिणाम और/या व्याख्या	10%	
8.	निष्कर्ष	5%	
9.	कार्यवस्तु की शुद्धता	10%	
10.	प्रयोग संबंधित प्रश्न	10%	
11.	बनाई गयी अभ्यास पुस्तिका को समय पर जमा करना	5%	
	कुल	**100%**	

**उत्पाद और प्रक्रिया मूल्यांकन के लिए अंक और प्रतिशत भार शिक्षक द्वारा तय किया जाएगा।*

विद्यार्थी का नाम.. दिए गए अंक			शिक्षक के हस्ताक्षर एवं दिनांक
प्रक्रिया सम्बंधित	उत्पाद सम्बंधित	कुल	

P10 सपाट जोड़

10.1 प्रायोगिक कथन

दिए गए विमाओं के अनुसार MIG/MAG झलाई प्रक्रिया का उपयोग करके माइल्ड स्टील पट्टिका के साथ सपाट झलाई जोड़ों (बट वेल्डिंग जॉइंट) को तैयार करना।

10.2 प्रायोगिक महत्व

उद्योगों में, विभिन्न झलाई प्रक्रियाओं का उपयोग जोड़ने, मरम्मत और रखरखाव के उद्देश्यों के लिए किया जाता है। MIG/MAG झलाई प्रक्रियाओं का व्यापक रूप से बड़े और मध्यम उद्योगों में उपयोग किया जाता है, जैसे जहाज निर्माण, इस्पात संरचनाओं और पाइपलाइनों के निर्माताओं द्वारा। अत: इस प्रायोगिक कार्य को करने से डिप्लोमा विद्यार्थी को कार्य करने के लिए संबंधित औजारों और उपकरणों के क्रियान्वय के बारे में आवश्यक ज्ञान प्राप्त होगा।

10.3 प्रासंगिक सिद्धांत

10.3.1 MIG झलाई

धातु अक्रिय गैस (MIG)/धातु सक्रीय गैस (MAG) झलाई, आर्क झलाई प्रक्रियाओं के एक समूह को संदर्भित करता है जो जोड़ क्षेत्र में धातु को पिघलाने के लिए DC विद्युत् आर्क द्वारा उत्पन्न ऊष्मा का उपयोग करता है। एक सतत विद्युदग्र (तार) को झलाई पूल में संचालित फीड रोल (वायर फीडर) द्वारा डाला जाता है।

तार के अग्रभाग और झलाई पूल के बीच एक विद्युत आर्क बनाया जाता है। तार को उसी गति से लगातार पिघलाया जाता है जिस गति से ये डाला जाता है और यह झलाई पूल का हिस्सा बनता है। आर्क और झलाई पूल दोनों को अक्रिय (गैर-प्रतिक्रियाशील) गैस की ढाल द्वारा वायुमंडलीय संदूषण से बचाया जाता है।

10.3.1.1 झलाई प्रक्रिया का सिद्धांत

- MIG, विद्युत आर्क के कारण ऊष्मा उत्पन्न होने के मूल सिद्धांत पर कार्य करता है, जैसा का चित्र 10.1 में दिखाया गया है।
- इस उष्मा का उपयोग आगे उपभोग्य विद्युदग्र और आधार पट्टी धातु को पिघलाने के लिए किया जाता है जो एक साथ जम जाते हैं और एक मजबूत जोड़ बनाते हैं।
- परिरक्षित गैसों की आपूर्ति तुंड (नोजल) के माध्यम से भी की जाती है जो झलाई क्षेत्र को अन्य प्रतिक्रियाशील गैसों से बचाते हैं। यह अच्छी पृष्ठीय परिसज्जा (सरफेस फिनिश) और एक मजबूत जोड़ देते हैं।

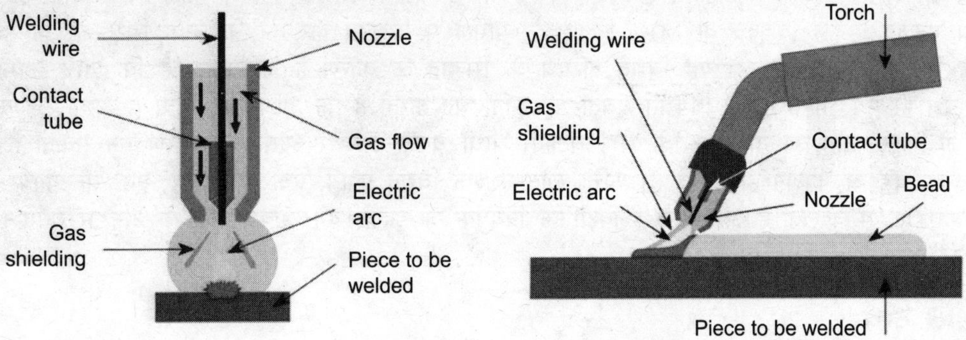

चित्र 10.1: झलाई प्रक्रिया का सिद्धांत

10.3.1.2 MIG झलाई उपकरण

MIG झलाई व्यवस्था को चित्र 10.2 में दिखाया गया है। बुनियादी घटक शक्ति स्रोत, MIG टॉर्च, परिरक्षण गैस प्रणाली और वायर फीडिंग प्रणाली हैं।

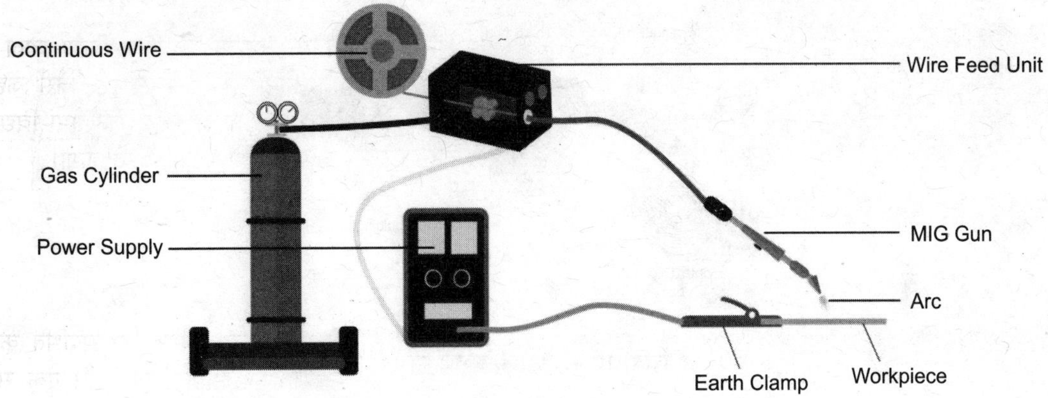

चित्र 10.2: MIG झलाई व्यवस्था

(a) शक्ति स्रोत

चित्र 10.3: शक्ति स्रोत

इस प्रकार की झलाई प्रक्रिया में, एक DC विद्युत् प्रदाय का उपयोग विपरीत ध्रुवता के साथ किया जाता है। विपरीत ध्रुवता का मतलब है कि विद्युदग्र या MIG झलाई के मामले में विद्युदग्र तार को धनात्मक सिरे और कार्यवस्तु को ऋणात्मक सिरे से जोड़ा जाता है। यह विद्युत परिपथ के सिद्धांत के कारण है जो बताता है कि 70% ऊष्मा हमेशा धनात्मक पक्ष पर मुक्त होती है। तो विपरीत ध्रुवता यह सुनिश्चित करती है कि अधिकतम मात्रा में ऊष्मा टूल की तरफ मुक्त हो जो फिलर धातु को उचित तरीके से पिघलाए। सीधी ध्रुवता अस्थिर आर्क का कारण बन सकती है जिसके परिणामस्वरूप बड़े अवकीर्णन हो सकते हैं। शक्ति स्रोत में एक विद्युत् प्रदाय, एक ट्रांसफार्मर, एक रेक्टिफायर होता है जो AC को DC में बदलता है और कुछ इलेक्ट्रॉनिक नियंत्रक जो झलाई की आवश्यकता के अनुसार वर्तमान आपूर्ति को नियंत्रित करते हैं।

(b) MIG टॉर्च

यह टॉर्च, TIG झलाई में इस्तेमाल होने वाली टॉर्च से थोड़ी अलग है।

इस टॉर्च में एक तंत्र होता है जो तार को पकड़कर रखता है और वायर फीड की मदद से लगातार आपूर्ति करता है। टॉर्च के सामने के सिरे पर एक तुंड लगा होता है। तुंड का उपयोग अक्रिय गैसों की आपूर्ति के लिए किया जाता है। ये गैसें झलाई क्षेत्र के चारों ओर एक परिरक्षण क्षेत्र बनाती हैं और इसे ऑक्सीकरण से बचाती हैं। झलाई टॉर्च को आवश्यकता के अनुसार एयर कूल्ड या वाटर कूल्ड किया जाता है। उच्च विद्युत् धारा के प्रवाह के लिए, टॉर्च को वाटर कूल्ड किया जाता है और कम विद्युत् धारा के प्रवाह के लिए इसे एयर कूल्ड किया जाता है।

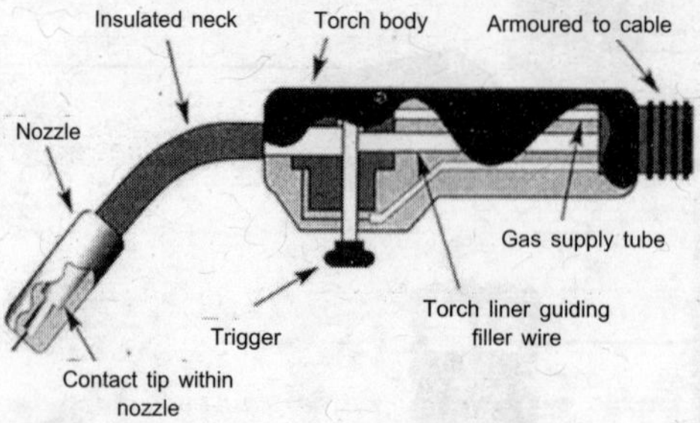

चित्र 10.4: MIG झलाई टॉर्च

(c) परिरक्षण गैस आपूर्ति प्रणाली

परिरक्षण गैसों का प्राथमिक कार्य झलाई क्षेत्र को अन्य प्रतिक्रियाशील गैसों से बचाना है जैसे की ऑक्सीजन इत्यादी। जो झलाई जोड़ की मजबूती को प्रभावित कर सकते हैं। ये परिरक्षण गैसें प्लाज्मा भी बनाती हैं जो झलाई में मदद करती हैं। गैस का चुनाव झलाई सामग्री पर निर्भर करता है। ज्यादातर आर्गन, हीलियम और अन्य अक्रिय गैसों का उपयोग परिरक्षण गैस के रूप में किया जाता है।

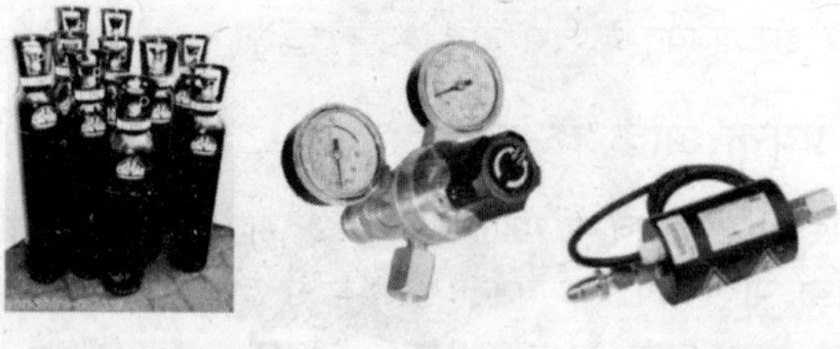

चित्र 10.5: CO_2 गैस सिलिंडर, नियामक और पुर्वतापक

(d) वायर फीडर प्रणाली

MIG झलाई को दो प्लेटों की झलाई के लिए निरंतर उपभोग्य विद्युदग्र आपूर्ति की आवश्यकता होती है। यह उपभोग्य विद्युदग्र, तार के रूप में उपयोग किया जाता है। इन तार को वायर फीड तंत्र या प्रणाली द्वारा लगातार पूर्ति किया जाता है। यह तार की गति को नियंत्रित करता है और तार को झलाई टॉर्च से झलाई क्षेत्र में भी धकेलता है। ये विभिन्न आकृतियों और आकारों में उपलब्ध हैं। इसमें एक वायर पूल होल्डर, एक ड्राइविंग मोटर, ड्राइविंग रोलर्स का एक सेट और वायर फीड नियंत्रण शामिल हैं। वायर फीड की गति, विद्युत प्रदाय द्वारा विद्युत् धारा की पूर्ति को सीधे नियंत्रित करती है। यदि वायर फीडिंग की गति अधिक है, तो इसे पिघलने के लिए उचित ऊष्मा उत्पन्न के लिए झलाई क्षेत्र में अधिक करंट की आवश्यकता होती है।

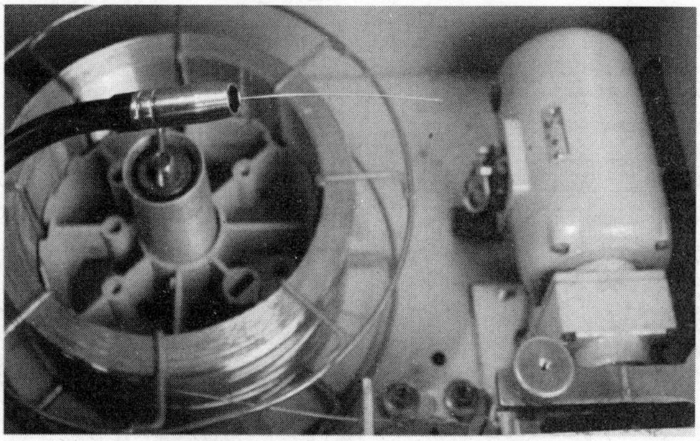

चित्र 10.6: वायर फीडर प्रणाली

10.3.2 MAG झलाई

MAG, धातु सक्रिय गैस का संक्षिप्त रूप है। यह अपने अनुप्रयोगों में MIG झलाई के समान ही है। मुख्य अंतर उपयोग की जाने वाली गैस के प्रकार में है। वांछित परिणाम प्राप्त करने के लिए MIG वेल्डर आमतौर पर कार्बन डाइऑक्साइड या CO_2, आर्गन और ऑक्सीजन के मिश्रण का उपयोग करते हैं। चित्र 10.7 में दिखाया गया है

10.3.2.1 MAG झलाई कार्यकारी सिद्धांत

MAG झलाई मशीन, फीडिंग वायर रखने वाली बंदूक को निरंतर वोल्टेज की आपूर्ति करके संचालित होती है। विद्युत धारा कार्यवस्तु और झलाई तार के बीच एक प्लाज्मा आर्क बनाता है। आर्क बहुत अधिक तापमान तक गर्म होता है और दोनों कार्यवस्तु को पिघला देता है जिसे आप झलाई कर रहे हैं और तार जो चरखी के माध्यम से डाला जा रहा है। तो, झलाई तार विद्युदग्र और उपभोग्य दोनों के रूप में काम करता है। झलाई तार एक रोल्ड-अप रील पर होता है जिसे झलाई मशीन में रखा जाता है और इसे यंत्रवत् रूप से टॉर्च को दिया जाता है जैसे-जैसे इसकी खपत होती जाती है।

10.3.2.2 MIG झलाई में प्रयुक्त आर्क के प्रकार

(a) **लघु आर्क झलाई:** यदि आप वास्तव में पतली धातु की चादरें, नाजुक परियोजनाओं और नरम धातुओं के साथ काम कर रहे हैं या यदि आप एक कठिन स्थिति से झलाई कर रहे हैं तब इन परिस्थितियों में लघु आर्क झलाई का उपयोग किया जाता है। एक छोटा आर्क वेल्ड एक अच्छी छोटी बूंद पैदा करता है, कम अवकीर्णन बनाता है, और एक बारीक पदार्थ निक्षेपित परिणाम देता है।

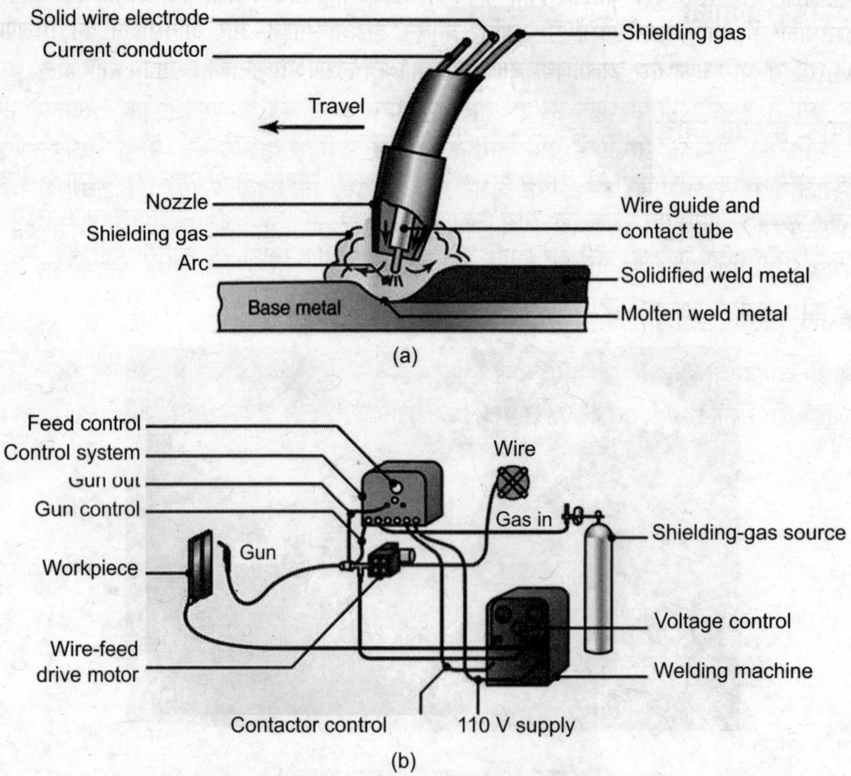

चित्र 10.7: MAG झलाई सिद्धांत और उपकरण

(b) **दीर्घ आर्क झलाई:** दीर्घ झलाई आर्क का उपयोग मोटी धातु की चादरों और प्लेटों के लिए किया जाता है। यह एक लंबी आर्क उत्पन्न करता है और एक अवकीर्णन-गहन तकनीक का उपयोग करता है जो मोटा पदार्थ निक्षेप करता है।

(c) **स्प्रे आर्क झलाई:** सामान्यत: स्प्रे आर्क झलाई का उपयोग विशेषज्ञ MAG वेल्डर द्वारा किया जाता है। इसका उपयोग गैसों के आर्गन-आधारित मिश्रण की मदद से मोटी चादरों और प्लेटों को एक साथ झलाई करने के लिए किया जाता है।

(d) **स्पंदित आर्क झलाई:** स्पंदित आर्क झलाई का उपयोग सभी प्रकार की शीट और प्लेट की मोटाई के लिए किया जाता है। यह परिरक्षण गैसों का उपयोग करता है जो वेल्ड और आर्क सुरक्षा को बढ़ाने के लिए शुद्ध आर्गन के साथ मिश्रित होते हैं। स्पंदित धारा की तार के माध्यम से आपूर्ति की जाती है जो झलाई प्रक्रिया के दौरान बूंदों का निर्माण करती है। स्पंदन की गति को प्रोजेक्ट की आवश्यकताओं के आधार पर समायोजित किया जा सकता है। परिणाम एक समरूप महीन बूंदों का प्रवाह और निम्नतम अवकीर्णन है। यह व्यावहारिक रूप से शॉर्ट-सर्किट मुक्त पदार्थ निक्षेपित करता है।

10.3.3 MIG और MAG झलाई के मध्य अंतर

- MIG झलाई में, गैस के परिरक्षण के लिए केवल अक्रिय गैसों या गैस मिश्रणों का उपयोग किया जाता है। आमतौर पर इस्तेमाल की जाने वाली अक्रिय गैसों में आर्गन और हीलियम शामिल हैं। MIG में परिरक्षण गैस झलाई के दौरान विघटित नहीं होती है।

- MAG झलाई में, वेल्ड पूल को परिरक्षित करने के लिए धातु सक्रिय गैसों का उपयोग किया जाता है। आमतौर पर इस्तेमाल की जाने वाली गैसों में आर्गन, कार्बन डाइऑक्साइड और ऑक्सीजन का मिश्रण शामिल होता है। MAG में परिरक्षण गैस अत्यधिक आर्क ऊष्मा के कारण विघटित हो जाती है।

10.3.4 सपाट झलाई जोड़

एक सपाट वेल्ड, वेल्ड जोड़ संरचनाओं के सबसे सरल और बहुमुखी प्रकारों में से एक है। ये जोड़ केवल धातु के दो टुकड़ों को अन्तांत रखकर और फिर जोड़ के साथ झलाई करके बनाया जाता है। महत्वपूर्ण रूप से, एक सपाट जोड़ में, काम के टुकड़ों की सतहें एक ही तल पर होती हैं और वेल्ड धातु सतहों के भीतर रहती है।

10.3.5 सपाट झलाई जोड़ों के प्रकार

सपाट झलाई जोड़ों को उनके आकार के द्वारा जाना जाता है, जैसा कि चित्र 10.8 में दिखाया गया है।

विभिन्न जोड़ों में सिंगल V, डबल V, डबल और सिंगल बेवल, डबल और सिंगल U, डबल और सिंगल J शामिल हैं।

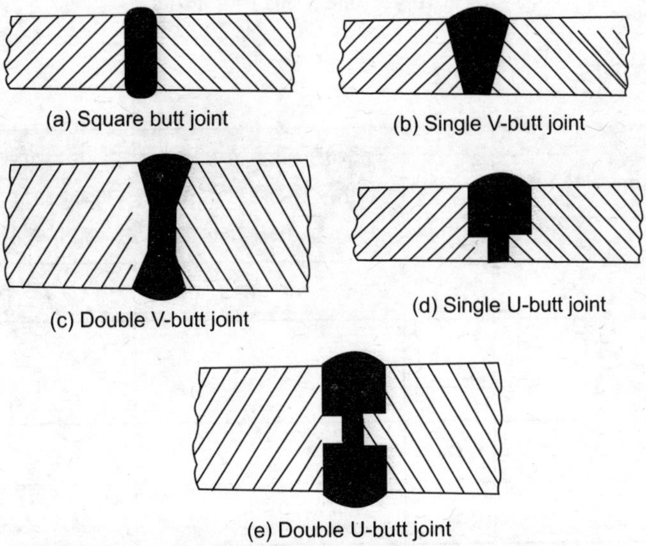

चित्र 10.8: सपाट जोड़ के प्रकार

10.4 प्रैक्टिकल आउटकम्स (PrO)

इस विषय के पाठ्यक्रम से व्युत्पन्न प्रायोगिक परिणाम:

PrO1: दिए गए विमाओं के अनुसार सपाट जोड़ तैयार करने के लिए उपयुक्त झलाई मापदंडों का चयन करें।

PrO2: सुरक्षा सावधानियों का पालन करते हुए MIG/MAG झलाई उपकरण का सही उपयोग करें।

PrO3: दिए गए आयामों के अनुसार सपाट जोड़ तैयार करें।

PrO4: दल नेतृत्व कर्ता/सदस्य के रूप में कार्य करें।

PrO5: पर्यावरण के अनुकूल दृष्टिकोण का उपयोग करें।

10.5 प्रायोगिक व्यवस्था (स्केच/कार्य की स्थिति)

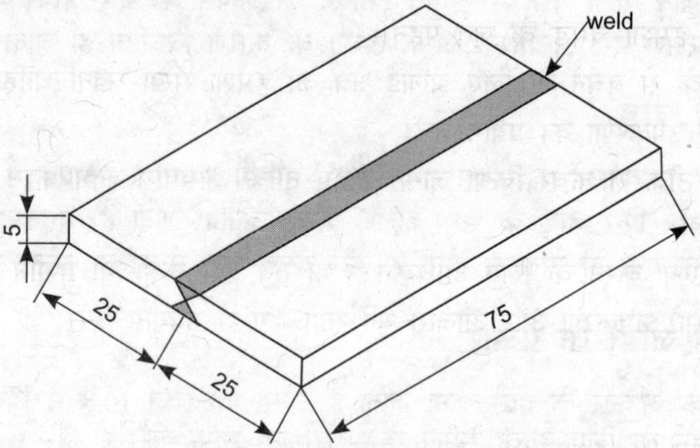

सभी विमायें मिलीमीटर (mm) में है

चित्र 10.9: सपाट झलाई जोड़ विमायें

10.6 आवश्यक संसाधन

क्रमांक	सुझाए गए संसाधन मशीनें/ औजार/ यंत्र महत्वपूर्ण विशिष्टताओं के साथ	मात्रा	उपयोग किय गये वास्तविक आवश्यक संसाधन मशीनें/औजार/यंत्र विस्तृत विशिष्टताओं के साथ (विद्यार्थी द्वारा भरा जाना है)		टिप्पणी (यदि कोई हो)
			उत्पाद का नाम (मेक)	विवरण	
1.	माइल्ड स्टील टुकडे 75 × 25 × 5 mm	2 नग			
2.	शक्ति स्रोत्र	1			
3.	MIG टॉर्च	1			
4.	परिरक्षण गैस आपूर्ति प्रणाली	1			
5.	वायर फीडर प्रणाली	1			
6.	शिरस्त्राण	1			
7.	हाथ के दस्ताने	1			
8.	एप्रन उपयुक्त आकार अधिमानत: चमड़ा	1			
9.	तार ब्रश	1			

10.7 सावधानियाँ

1. झलाई शाला में हमेशा चमड़े के जूते पहनें।
2. बिजली के झटके से बचने के लिए झलाई क्षेत्र को हमेशा सूखा रखना चाहिए।
3. व्यक्तिगत सुरक्षा उपकरणों का प्रयोग करें।
4. झलाई क्षेत्र को ठीक से कवर किया जाना चाहिए ताकि आसपास काम करने वाले लोग पराबैंगनी विकिरण से प्रभावित न हों।
5. जब तक आप ऐसा करने के लिए अधिकृत न हों तब तक कभी भी मशीन का संचालन न करें।
6. निर्देशों के अनुसार उपकरण और औजारों का सही ढंग से उपयोग करें।

10.8 प्रयोग विधि

1. तार ब्रश से जुड़ने के लिए हल्के स्टील के फ्लैटों को साफ करें।
2. सपाट जोड़ (फ्लैट की ½ मोटाई का गैप) के लिए पूरी पैठ के लिए गैप प्रदान करते हुए समतल टुकड़े को ठीक से व्यवस्थित करें।
3. आर्क, गति और चाप की लंबाई को नियंत्रित करने का अभ्यास करें।
4. जुड़ने वाली धातु के प्रकार के अनुसार झलाई धारा, वोल्टेज सेट करें।
5. झलाई प्रक्रिया के दौरान धातु के टुकड़ों को एक साथ रखने के लिए चाप पर प्रहार करें और दोनों सिरों पर टैक करें।
6. उचित गति और चाप की लंबाई (गति 100-150 मिमी/मिनट) को बनाए रखते हुए संयुक्त के साथ ड्राइंग के अनुसार बीड्स को बिछाएं।
7. तार ब्रश और चिपिंग हथौड़े का उपयोग करके स्लैग को हटाकर झलाई प्रक्रिया को पूरा करें।
8. टेबल को साफ करें और औजार को सही जगह पर रखें।

10.9 प्रेक्षण और गणना

(प्रयोग के आधार पर संशोधित किया जा सकता है; विद्यार्थी द्वारा भरा जाना है)

क्रमांक	-------------	-------------------		% त्रुटी
1.				

10.10 परिणाम एवं/अथवा विवेचना

(विद्यार्थी द्वारा भरा जाना है)

1. ....

2. ....

10.11 निष्कर्ष एवं/अथवा सत्यापन

(विद्यार्थी द्वारा भरा जाना है)

....

....

10.12 प्रयोग संबंधित प्रश्न

(उत्तर के लिए अलग पुस्तिका का प्रयोग करें)

नोटः नीचे संदर्भ के लिए कुछ नमूना प्रश्न दिए गए हैं। पूर्व-निर्धारित पाठ्यक्रम परिणाम की उपलब्धि सुनिश्चित करने के लिए शिक्षकों को ऐसे और प्रश्न तैयार करने चाहिए।

1. MIG झलाई वयवस्था का लाइन आरेख तैयार करें।
2. MIG झलाई के किन्हीं तीन क्षेत्र/औद्योगिक अनुप्रयोगों का उल्लेख कीजिए।
3. MIG और MAG झलाई में अंतर करें।
4. इस प्रयोग में प्रयुक्त झलाई मापदंडों के चयन के चरण लिखिए।
5. सपाट जोड़ तैयार करने के लिए इस प्रयोग में प्रयुक्त किन्हीं पाँच उपकरणों/सामानों के नाम लिखिए।

10.13 अपशिष्ट का निपटान

(विद्यार्थी द्वारा भरा जाना है)

इस प्रयोग में फेंके जाने वाले अपशिष्ट पदार्थों को निम्नलिखित कूड़ेदानों में वर्गीकृत करें:

अपशिष्ट के प्रकार	डिब्बे (Bin) का रंग	विवरण
बायोडीग्रेडेबल अपशिष्ट	हरा	
ई-अपशिष्ट	काला	
प्लास्टिक एवं धातु के अपशिष्ट	नीला	
अन्य		

10.14 पर्यावरण के अनुकूल दृष्टिकोणः कम उपयोग (रिड्यूस), पुनः उपयोग (रियूज) एवं पुनर्चक्रण (रिसायकल)

1. इस प्रयोग के कार्यवस्तु को बुनियादी झलाई कार्यों के लिए पुनः उपयोग किया जा सकता है।
2. प्रयुक्त कार्यवस्तु का पुनर्नवीनीकरण किया जा सकता है।

10.15 अध्ययन हेतु सुझाए गए संसाधन

1. Workshop Practice Vol-I by Raghuvanshi, Dhanpat Rai & Co.(P) Ltd. Delhi 2014
2. Workshop Practice Vol-I byHazra& Choudhary, Media Promoters & Publisher Pvt.Ltd. Mumbai, 14th edition 2010
3. Welding Processes and Technology by R. S. Parmar, Khanna Publishers Delhi, Latest Edition

MIG झलाई

10.16 सुझाई गई मूल्यांकन योजना

(शिक्षक द्वारा भरा जाना है)

दिए गए प्रदर्शन सूचक, प्रक्रिया और उत्पाद से संबंधित मूल्यांकन के लिए एक दिशानिर्देश के रूप में कार्य करेंगे।

	प्रदर्शन सूचक	भारिता (वेटेज)	दिए गए अंक
प्रक्रिया संबंधित: 6 अंक - 60%			
1.	कार्यवस्तु तैयार करना	5%	
2.	झलाई मशीन की स्थापना	15%	
3.	झलाई ऑपरेशन करना	15%	
4.	दल के रूप में काम करना	5%	
5.	सुरक्षित प्रविधि का पालन करना	10%	
6.	पर्यावरण के अनुकूल दृष्टिकोण का अभ्यास करना	10%	
उत्पाद संबंधित: 4 अंक - 40%			
7.	लेखन परिणाम और/या व्याख्या	10%	
8.	निष्कर्ष	5%	
9.	कार्यवस्तु की शुद्धता	10%	
10.	प्रयोग संबंधित प्रश्नों के उत्तर देना	10%	
11.	बनाई गई अभ्यास पुस्तिका को समय पर जमा करना	5%	
	कुल	**100%**	

**उत्पाद और प्रक्रिया मूल्यांकन के लिए अंक और प्रतिशत भार शिक्षक द्वारा तय किया जाएगा।*

विद्यार्थी का नाम... **दिए गए अंक**			**शिक्षक के हस्ताक्षर एवं दिनांक**
प्रक्रिया सम्बंधित	उत्पाद सम्बंधित	कुल	

P11 झलाई का उपयोग करके टूटे हुए हिस्सों का पुनर्निर्माण

11.1 प्रायोगिक कथन

उपयुक्त झलाई मशीन का उपयोग करके दरवाजे के टूटे हुए हिस्से की मरम्मत करना।

11.2 प्रायोगिक महत्व

झलाई प्रक्रियाओं का उपयोग आमतौर पर उपयोगिता को बनाए रखने के लिए मूल भागों की मरम्मत, अद्यतन और पुर्न कार्य करने के लिए किया जाता है। टूटे हुए हिस्सों के पुनर्निर्माण का यह प्रायोगिक अनुभव विद्यार्थियों को दी गई स्थिति में उपयुक्त झलाई प्रक्रिया और संबंधित उपकरणों के चयन से संबंधित कौशल विकसित करने में मदद करेगा।

11.3 प्रासंगिक सिद्धांत

11.3.1 मरम्मत और रखरखाव

किसी भी प्रक्रिया उद्योग में भागों और घटकों की मरम्मत और रखरखाव एक प्रमुख गतिविधि है। मरम्मत झलाई को एक तार्किक प्रक्रिया के रूप में किया जा सकता है जो सुनिश्चित करता है कि भाग प्रयोग करने योग्य और सुरक्षित है। यदि मरम्मत उचित देखभाल या सावधानियों के साथ की जाती है, तो यह समय से पहले विफलताओं, बड़े वारंटी दावों, संपत्ति और कर्मियों की दुर्घटनाओं से बचा सकती है और संतुष्ट ग्राहकों के रूप में परिणाम देती है। झलाई मरम्मत का उपयोग आमतौर पर भागों को सुधारने, अद्यतन करने और पुर्न कार्य करने के लिए किया जाता है ताकि वे मूल भाग की उपयोगिता के बराबर या उससे अधिक उपयोगी हो जाएं। यह सामान्य रूप से प्राप्त किया जाता है, झलाई-मरम्मत वाले कच्चा लोहा भागों के संभावित अपवाद के साथ जो हीटिंग और कूलिंग के अधीन होते हैं।

11.3.2 वेल्ड मरम्मत की आवश्यकता

पुर्जे लगातार टूटते और खराब होते रहते हैं। टूटे या खराब पुर्जे जैसा ही पुर्जा प्राप्त करना असंभव हो सकता है। यह विशेष रूप से पुरानी औद्योगिक मशीनरी, निर्माण मशीनरी, कृषि मशीनरी, मशीन उपकरण भागों और यहां तक कि ऑटोमोबाइल के लिए भी सच है। मरम्मत किए गए हिस्से मूल भाग की तुलना में अधिक उपयोगी हो सकते हैं, क्योंकि उन्हें प्रबलित किया जा सकता है और मूल भाग की कमजोरियों को ठीक किया जा सकता है। वेल्ड मरम्मत के लिए यह अक्सर अधिक किफायती होता है क्योंकि प्रतिस्थापन भाग प्राप्त करने में देरी अत्यधिक हो सकती है और नए हिस्से की लागत सामान्य रूप से क्षतिग्रस्त हिस्से की मरम्मत की लागत से अधिक होगी।

11.3.3 झलाई प्रक्रिया और उपकरण का चयन

उपयुक्त तैयारी प्रक्रिया और झलाई प्रक्रिया का चयन उन्हीं कारकों पर निर्भर करता है जिन्हें मूल निर्माण कार्य के लिए झलाई या काटने की प्रक्रिया के चयन में माना जाता है। यह नितांत आवश्यक है कि हम उस धातु के प्रकार, विनिर्देश

या संरचना को जानते हैं जिसे हम वेल्ड करने की योजना बना रहे हैं। जैसा कि ऊपर उल्लेख किया गया है, कुछ धातुओं की मरम्मत वेल्ड करने में नासमझी हो सकती है। लेकिन हमें किसी भी धातु पर तब तक वेल्ड नहीं करना चाहिए जब तक कि हम उसकी संरचना को नहीं जानते हों।

मरम्मत झलाई के मामले में, आमतौर पर सीमाएं होती हैं, जैसे कि सिर्फ एक बार की कार्यवस्तु के लिए उपकरणों की उपलब्धता और आपातकालीन मरम्मत कार्य के लिए जल्दी से उपकरण प्राप्त करने की आवश्यकता। यह चयन को सीमित करता है और यही कारण है कि परिरक्षित धातु आर्क झलाई प्रक्रिया, गैस धातु आर्क झलाई प्रक्रिया, गैस टंगस्टन आर्क झलाई प्रक्रिया, और ऑक्सीएसीटिलीन झलाई और टॉर्च टांकना सबसे अधिक उपयोग की जाने वाली प्रक्रियाएं हैं।

हालांकि, कई नियमित और निरंतर प्रकार के मरम्मत कार्य के लिए कुछ अन्य झलाई प्रक्रियाएं सबसे किफायती हो सकती हैं। उदाहरण के लिए, सबमर्ज्ड आर्क झलाई व्यापक रूप से घिसे हुए भागों के सतह के निर्माण के लिए उपयोग किया जाता है। इलेक्ट्रो स्लैग प्रक्रिया का उपयोग हथौड़ा मिलों के लिए भागों की मरम्मत और पुनरुत्थान के लिए, निर्माण उपकरण के लिए, और स्टील मिलों के लिए रोल के पुनर्निर्माण के लिए किया जाता है। अत: रूटीन के लिए झलाई प्रक्रिया के चयन में, निरंतर प्रकार की मरम्मत और सरफेसिंग कार्य बनाम विशिष्ट प्रकार का या ब्रेकडाउन आपातकालीन मरम्मत कार्य में अंतर है।

11.3.4 टूटे हुए कार्यवस्तु

दरवाजा वास्तुकला का हिस्सा है, एक इमारत के प्रवेश द्वार के रूप में बड़ा दरवाजा। इस प्रयोग में मरम्मत के लिए हम एक दरवाजा लेते हैं जो पुराना है और टूटा हुआ है। झलाई प्रकार और झलाई धातु का चयन उन टूटे टुकड़ों को देखकर जिन्हें हम दरवाजे पर वापस पाना चाहते हैं किया जाता है। हमें दरवाजे को सहारा देने वाले गेटपोस्ट का निरीक्षण करना होगा। यदि आवश्यक हो तो टूटे हुए दरवाजे के काज को बदलें। दरवाजे के साथ कुंडी को संरेखित करें ताकि दरवाजा ठीक से व्यवस्थित हो।

11.4 प्रैक्टिकल आउटकम्स (PrO)

इस विषय के पाठ्यक्रम से व्युत्पन्न प्रायोगिक परिणाम:

PrO1: मरम्मत/पुनर्निर्माण की दी गई स्थिति का आकलन करें।

PrO2: दी गई कार्यवस्तु/कार्य की स्थिति के आधार पर उपयुक्त झलाई प्रक्रिया का चयन करें।

PrO3: मरम्मत/पुनर्निर्माण कार्य करने के लिए उपयुक्त झलाई उपकरण और औजारों का चयन करें।

PrO4: संबंधित उपकरण का सही उपयोग करें।

PrO5: सुरक्षित प्राविधि का पालन करें।

PrO6: दल नेतृत्वकर्ता/सदस्य के रूप में काम करे।

PrO7: पर्यावरण के अनुकूल दृष्टिकोण का उपयोग करें।

11.5 प्रायोगिक व्यवस्था (स्केच/कार्य की स्थिति)

*11.6 के तहत आवश्यक संसाधनों के साथ सैंपल कार्य की स्थिति दी गई है। अन्य कार्य की स्थिति/कार्यवस्तु शिक्षक द्वारा पूर्ण विवरण जैसे लागू संसाधनों के साथ तय की जा सकती हैं, ताकि विद्यार्थी दिए गए कार्य को पूरा कर सके।

चित्र 11.1: टूटा हुआ दरवाजा*

11.6 आवश्यक संसाधन

(इस प्रयोग के लिए विद्यार्थी चित्र 11.1 में दर्शाए गए कार्यवस्तु/कार्य की स्थिति के लिए प्रासंगिक झलन विधि और संबंधित औजारों और उपकरणों का चयन करेगा।)

क्रमांक	सुझाए गए संसाधन मशीनें/ औजार/ यंत्र महत्वपूर्ण विशिष्टताओं के साथ	मात्रा	उपयोग किये गए वास्तविक संसाधन मशीनें/ औजार/यंत्र विस्तृत विशिष्टताओं के साथ (विद्यार्थी द्वारा भरा जाना है)		टिप्पणी (यदि कोई हो)
			उत्पाद का नाम (मेक)	विवरण	
1.	माइल्ड स्टील कार्यवस्तु 100 × 60 × 8 mm	2 नग			
2.	आर्क झलाई मशीन 200 amp	1			
3.	झलाई विद्युदग्र 2.5–3mm	5			
4.	विद्युदग्र होल्डर	1			
5.	ग्राउंड क्लैंप	1			
6.	चपटा नाक चिमटा	1			
7.	झलाई काले चश्मे उपयुक्त आकार के	1			
8.	एप्रन उपयुक्त आकार अधिमानतः चमड़ा	1			
9.	हाथ के दस्ताने उपयुक्त आकार	1			

क्रमांक	सुझाए गए संसाधन मशीनें/ औजार/ यंत्र महत्वपूर्ण विशिष्टताओं के साथ	मात्रा	उपयोग किये गए वास्तविक संसाधन मशीनें/ औजार/यंत्र विस्तृत विशिष्टताओं के साथ (विद्यार्थी द्वारा भरा जाना है)		टिप्पणी (यदि कोई हो)
			उत्पाद का नाम (मेक)	विवरण	
10.	धातु कार्य टेबल 2.5 × 5 feet	आवश्यकता अनुसार			
11.	बेंच शिकंजा 100 mm	1			
12.	खुरदुरा चपटा रेती बस्टर्ड कट चपटा रेती PVC हत्थे के साथ 10" (250mm)	1			
13.	ट्राय स्क्वायर 6"	1			
14.	स्टील फुट्टा/मापन टेप 30cm/5meter	1			
15.	तार ब्रश सामान्य आकार	1			
16.	बाल पीन हथौड़ा 500 gram	1			
17.	चिपिंग हथौड़ा विमाएं (L×W) 12.9×28	1			
18.	तार और तार संयोजक	आवश्यकता अनुसार			

11.7 सावधानियाँ

1. झलाई मशीन का उचित संयोजन सुनिश्चित करें।
2. कार्यशाला में हमेशा रबर सोल के जूते का ही इस्तेमाल करें।
3. बिजली के झटके से बचने के लिए झलाई क्षेत्र को हमेशा सूखा रखना चाहिए।
4. मानव शरीर की रक्षा के लिए काले चश्मे, दस्ताने का प्रयोग करें।

11.8 प्रयोग विधि

1. पहले कार्यस्थल पर जाएं और उन वास्तविक भागों का अध्ययन करें जिनकी मरम्मत की आवश्यकता है।
2. कार्य की स्थिति के विश्लेषण के आधार पर विनिर्देशों और डिजाइन से संबंधित जानकारी तैयार करें।
3. उपचारात्मक चरणों के लिए भाग (भागों) की विफलता से संबंधित सभी तथ्यों की एक सूची बनाएं।
4. स्थिति के आधार पर उपयुक्त झलाई प्रक्रिया और उससे जुड़े उपकरणों की पहचान करें।
5. धातु के दरवाजे पर किसी भी टूटे हुए तारों को चिकने, मोड़ने योग्य तार के दोहरे लूप से विभाजित करें।
6. धातु के टुकड़े वापस दरवाजे पर वेल्ड करें यदि वे टूट गए हैं।

7. गेट को सहारा देने वाले गेटपोस्ट का निरीक्षण करें।
8. टूटे हुए दरवाजे के काज को बदलें।
9. काज बोल्ट को समायोजित करके झूलते हुए दरवाजे को समायोजित करें।
10. दरवाजे के साथ कुंडी को संरेखित करें।
11. विद्युदग्र को विद्युदग्र होल्डर में फिट किया जाता है और झलाई विद्युत् धारा को उचित मान पर सेट किया जाता है।
12. ग्राउंड क्लैंप को झलाई टेबल पर बांधा जाता है।
13. एप्रन पहनना, हाथ के दस्ताने पहनना, फेस शील्ड का उपयोग करना और ओवर लैप्ड टुकड़ों को पकड़ना जरुरी है।
14. आर्क पैदा करें और कार्य के टुकड़ों को दोनों तरफ के सिरों पर झलाई करें।
15. धातुमल, अवकीर्णन निकालें और जोड़ को साफ करें।

11.9 प्रेक्षण और गणना

(प्रयोग के आधार पर संशोधित किया जा सकता है; विद्यार्थी द्वारा भरा जाना है)

क्रमांक	-------------	------------------	% त्रुटी
1.			

11.10 परिणाम एवं/अथवा विवेचना

(विद्यार्थी द्वारा भरा जाना है)

1. ....
2. ....

11.11 निष्कर्ष एवं/अथवा सत्यापन

(विद्यार्थी द्वारा भरा जाना है)

....

....

11.12 प्रयोग संबंधित प्रश्न

(उत्तर के लिए अलग पुस्तिका का प्रयोग करें)

नोटः नीचे संदर्भ के लिए कुछ नमूना प्रश्न दिए गए हैं। पूर्व-निर्धारित पाठ्यक्रम परिणाम की उपलब्धि सुनिश्चित करनें के लिए शिक्षकों को ऐसे और प्रश्न तैयार करने चाहिए।

1. मरम्मत कार्य करने के लिए चयनित झलन प्रक्रिया के समर्थन में कारण बताएं।
2. वेल्ड मशीन और औजार के चयन के मानदंड की व्याख्या करें।
3. टूटे हुए दरवाजे की विमायें रेखाचित्र की सहायता से लिखिए।
4. मरम्मत की वैकल्पिक विधि का नाम बताइए, यदि कोई हो।
5. आपके द्वारा उपयोग किए जाने वाले विद्युदग्र के प्रकार का उल्लेख करें।

11.13 अपशिष्ट का निपटान

(विद्यार्थी द्वारा भरा जाना है)

इस प्रयोग में फेंके जाने वाले अपशिष्ट पदार्थों को निम्नलिखित कूड़ेदानों में वर्गीकृत करें:

अपशिष्ट के प्रकार	डिब्बे (Bin) का रंग	विवरण
बायोडीग्रेडेबल अपशिष्ट	हरा	
ई-अपशिष्ट	काला	
प्लास्टिक एवं धातु के अपशिष्ट	नीला	
अन्य		

11.14 पर्यावरण के अनुकूल दृष्टिकोण: कम उपयोग (रिड्यूस), पुनः उपयोग (रियूज) एवं पुनर्चक्रण (रिसायकल)

दिए गए दरवाजे की मरम्मत कर दोबारा इस्तेमाल किया जा सकता है।

11.15 अध्ययन हेतु सुझाए गए संसाधन

1. Workshop Practice Vol-I byHazra& Choudhary, Media Promoters & Publisher Pvt.Ltd. Mumbai, 14th edition 2010
2. Workshop Practice Vol-I by Raghuvanshi, Dhanpat Rai & Co.(P) Ltd. Delhi 2014
3. Welding Processes and Technology by R. S. Parmar, Khanna Publishers Delhi, Latest Edition

लोहे के दरवाजे की झलाई करना और लगाना

11.16 सुझाई गई मूल्यांकन योजना

(शिक्षक द्वारा भरा जाना है)

दिए गए प्रदर्शन सूचक,प्रक्रिया और उत्पाद से संबंधित मूल्यांकन के लिए एक दिशानिर्देश के रूप में कार्य करेंगे।

	प्रदर्शन सूचक	भारिता (वेटेज)	दिए गए अंक
प्रक्रिया संबंधित: 6 अंक - 60%			
1.	स्थिति के आधार पर झलाई प्रक्रिया का चयन	15%	
2.	संबद्ध झलाई उपकरण का चयन	10%	
3.	औजारों/उपकरणों को संभालना	15%	
4.	दल के रूप में काम करना	5%	
5.	सुरक्षित प्रविधि का पालन करना	5%	
6.	पर्यावरण के अनुकूल दृष्टिकोण का अभ्यास करना	10%	

	प्रदर्शन सूचक	भारिता (वेटेज)	दिए गए अंक
उत्पाद संबंधित: 4 अंक - 40%			
7.	लेखन परिणाम और/या व्याख्या	10%	
8.	निष्कर्ष	5%	
9.	कार्यवस्तु की शुद्धता	10%	
10.	प्रयोग संबंधित प्रश्नों के उत्तर देना	10%	
11.	बनाई गई अभ्यास पुस्तिका को समय पर जमा करना	5%	
	कुल	**100%**	

***उत्पाद और प्रक्रिया मूल्यांकन के लिए अंक और प्रतिशत भार शिक्षक द्वारा तय किया जाएगा।**

विद्यार्थी का नाम.. दिए गए अंक			**शिक्षक के हस्ताक्षर एवं दिनांक**
प्रक्रिया सम्बंधित	उत्पाद सम्बंधित	कुल	

4 धातु चादर कार्य शाला

प्रासंगिक कोर्स आउटकम (CO) एवं प्रोग्राम आउटकम्स (POs)

CO-4: प्रासंगिक प्रक्रियाओं और औजारों का सुरक्षित रूप से उपयोग करके धातु चादर से संबंधित सरल कार्यवस्तु बनायें।

कोर्स आउटकम	प्रोग्राम आउटकम्स (POs) के साथ अपेक्षित संबंध *(1- कमजोर सहसंबंध; 2- मध्यम सहसंबंध; 3- मजबूत सहसंबंध)*						
	PO-1: मूलभूत एवं अध्यन संकाय विशिष्ट ज्ञान	**PO-2:** समस्या विश्लेषण	**PO-3:** समाधानों की रुपरेखा / विस्तार	**PO-4:** इंजीनियरिंग उपकरण, प्रयोग और परीक्षण	**PO-5:** समाज एवं पर्यावरणीय स्थायित्व के लिए इंजीनियरिंग कार्यप्रणाली	**PO-6:** परियोजना प्रबंधन	**PO-7:** जीवन-पर्यन्त सीखना
CO-4: प्रासंगिक प्रक्रियाओं और औजारों का सुरक्षित रूप से उपयोग करके धातु चादर से संबंधित सरल कार्यवस्तु बनायें	3	1	1	3	2	-	1

P12 धातु चादर औजार और उपकरण

12.1 प्रायोगिक कथन

दिए गए विमाओं के अनुसार उपयुक्त धातु चादर (शीट मेटल) औजार और मशीनों का उपयोग करके धातु चादर कार्यवस्तु (जॉब) तैयार करें।

12.2 प्रायोगिक महत्त्व

अधिकांश विनिर्माण उद्योग जैसे घरेलू उपकरण, मोटर वाहन, ऊर्जा और इलेक्ट्रॉनिक्स धातु चादर निर्माण के किसी न किसी रूप पर निर्भर करते हैं। कई इंजीनियरिंग और घरेलू सामान जैसे हॉपर, कवच, आवरण, बक्सा, डिब्बे, चोंगा, नलिकाएं धातु की एक सपाट चादर से बनाई जाती हैं। अतः, इस प्रयोग को करने से डिप्लोमा विद्यार्थी को धातु चादर प्रक्रियाओं और उससे संबंधित औजार/उपकरण के बारे में आवश्यक ज्ञान प्राप्त होगा।

12.3 प्रासंगिक सिद्धांत

12.3.1 धातु चादर कार्य

धातु चादर धातु के काम में उपयोग किए जाने वाले बुनियादी रूपों में से एक है और इसे विभिन्न आकारों में काटा और मोड़ा जा सकता है। रोजमर्रा की अनगिनत चीजें धातु चादर से बनाई जाती हैं। चादर की मोटाई भिन्न-भिन्न हो सकती है; अत्यधिक पतली चादर को पन्नी या पत्ती माना जाता है, और 3 मिमी से अधिक मोटे चादर को प्लेट माना जाता है। धातु चादर समतल टुकड़ों या कुंडलित पट्टियों (क्वाइल्ड स्ट्रिप्स) में उपलब्ध है।

12.3.2 धातु चादर पदार्थ

धातु चादर शाला में विभिन्न प्रकार की धातुओं का उपयोग किया जाता है जैसे कि काला लोहा, जस्ती लोहा, तांबा, टिन, एल्यूमीनियम और स्टेनलेस स्टील। नरम स्टील की एक शीट, जिसे पिघला हुआ जस्ता के साथ लेपित किया जाता है, गैल्वनाइज्ड आयरन के रूप में जाना जाता है। जस्ते की परत एक आवरण बनाती है जो जंग का प्रतिरोध करता है, धातु के रंग रूप में सुधार करता है और इसे अधिक आसानी से टाँका लगाने की अनुमति देता है।

12.3.3 धातु चादर औजार और उपकरण

धातु चादर शाला में विभिन्न अंकन, मापन, सहायक उपकरण और मशीनों का उपयोग किया जाता है।

(a) हस्त औजार (हैंड टूल्स)

धातु चादर कर्मशाला में उपयोग किए जाने वाले सामान्य हाथ उपकरण हैं:- स्टील का फुट्टा, आमतौर पर 60 सेमी लंबाई, शिकंजा गेज, डॉट पंच, रेखक, ट्रैमेल्स, बॉल पीन हथौड़ा, स्ट्रेट पीन हथौड़ा, क्रॉस पीन हथौड़ा, मैलेट, स्निप्स और सोल्डरिंग आयरन। इनमें से कुछ को इस पुस्तक की पिछली इकाइयों में पहले ही समझाया जा चुका है और बाकी नीचे दिए गए है।

(b) ट्रैमेल्स

धातु चादर अभिन्यास (लेआउट्स) में चाप और वृत्त के अंकन की आवश्यकता होती है। यह ट्रैमेल्स का उपयोग करके किया जा सकता है। बीम की लंबाई आर्क के अधिकतम आकार को तय करती है जिसे प्रतिलिपित किया जा सकता है। जैसा कि चित्र 12.1 में दिखाया गया है।

(c) तार गेज (वायर गेज)

धातु चादर की मोटाई को मानक तार गेज (एसडब्ल्यूजी) के रूप में जाना जाता है। गेजो के बीच स्थित अंतराल का उपयोग गेज संख्या की जांच के लिए किया जाता है। जैसा कि चित्र 12.2 में दिखाया गया है।

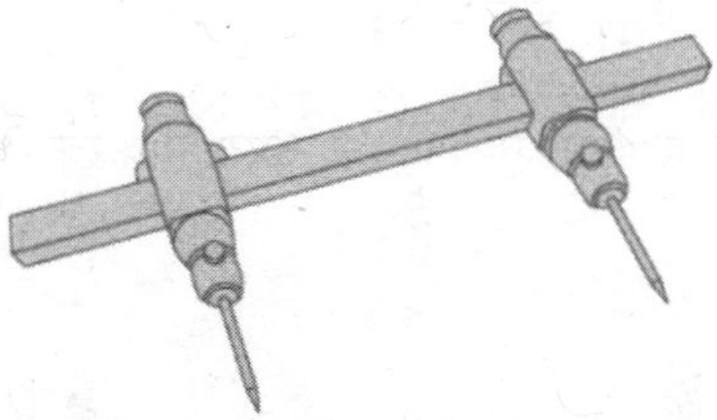

चित्र 12.1: ट्रैमेल्स

चित्र 12.2: तार गेज

(d) स्निप्स

स्निप्स हाथ की कतरनी हैं, जिनकी लंबाई 200 मिमी से 600 मिमी तक होती है। आमतौर पर 200 मिमी से 250 मिमी लंबाई की इस्तेमाल की जाती है। दो मुख्य प्रकार के स्निप्स टिन के स्निप्स और विमानन स्निप्स हैं। दोनों का उपयोग धातु चादर और अन्य कठिन सामग्री को काटने के लिए किया जाता है। जैसा कि चित्र 12.3 में दिखाया गया है।

(e) बॉल पीन हथौड़ा

बॉल पीन हथौड़ा में एक थोड़ा घुमावदार बेलनाकार चेहरा और एक बॉल हेड स्ट्रेट पीन होती है जो क्रॉस पीन के समान होती है, लेकिन यह हत्थे के समानांतर स्थित होता है जिसे मोड़ने के कुछ कार्यों के लिए आसानी से इस्तेमाल किया जा सकता है। जैसा कि चित्र 12.4 में दिखाया गया है।

(f) राइजिंग हथौड़ा

राइजिंग हथौड़ा में दो चौड़े, चपटे आयताकार फलक होते हैं जो धातुओं को बिना पतला किये उन्हें सीवन रहित रूप प्रदान करते हैं। जैसा कि चित्र 12.5 में दिखाया गया है।

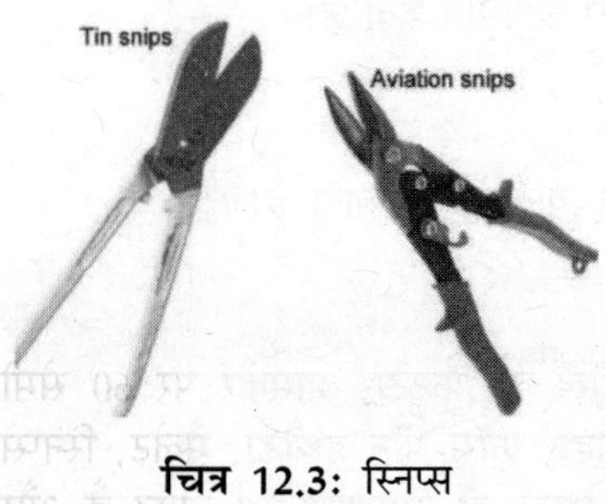

चित्र 12.3: स्निप्स

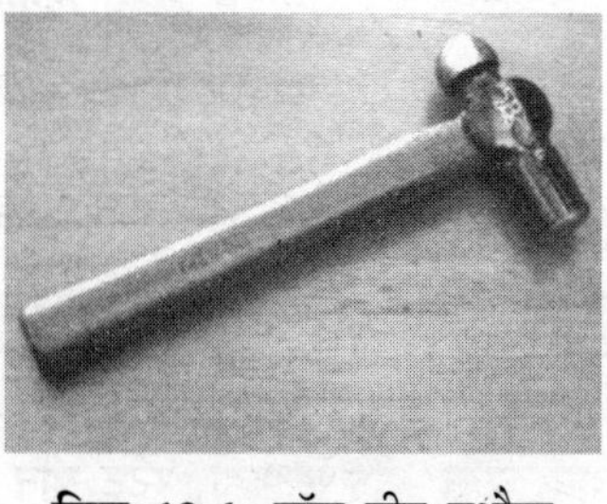

चित्र 12.4: बॉल पीन हथौड़ा

चित्र 12.5: राइजिंग हथौड़ा

(g) कीलक हथौड़ा (रिवेटिंग हैमर)

कीलक हथौड़ा का उपयोग कीलक जोड़ों में कीलक का शीर्ष बनाने के लिए किया जाता है और चित्र 12.6 में दिखाया गया है।

(h) स्टेक्स

स्टेक्स एक प्रकार की निहाई है, जो धातु चादर कार्य का सहयोग करती है। धातु की चादरों को विभिन्न प्रकार की आकृतियों में बनाने के लिए विभिन्न प्रकार के स्टेक्स का उपयोग किया जाता है और चित्र 12.7 में दिखाया गया है।

(i) बेंच कर्तनी (बेंच शियर)

शीट मेटल को अपरूपण क्रिया द्वारा काटा जा सकता है। इसमें एक मिश्रित उत्तोलक के माध्यम से बल लगाया जाता है, जिससे 4 मिमी तक मोटी धातु चादर को काटना संभव हो जाता है। चॉपिंग होल 10 मिमी व्यास तक एक माइल्ड स्टील की छड़ को काट सकता है। चित्र 12.8 में दिखाया गया है।

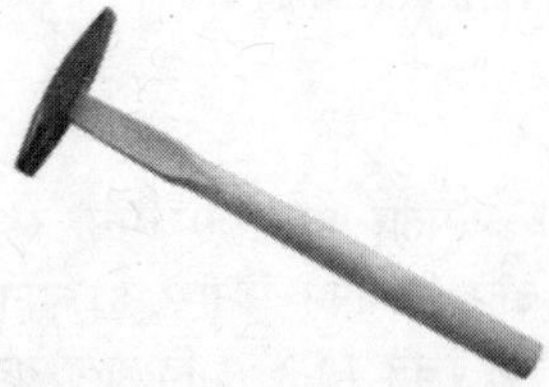

चित्र 12.6: कीलक हथौड़ा

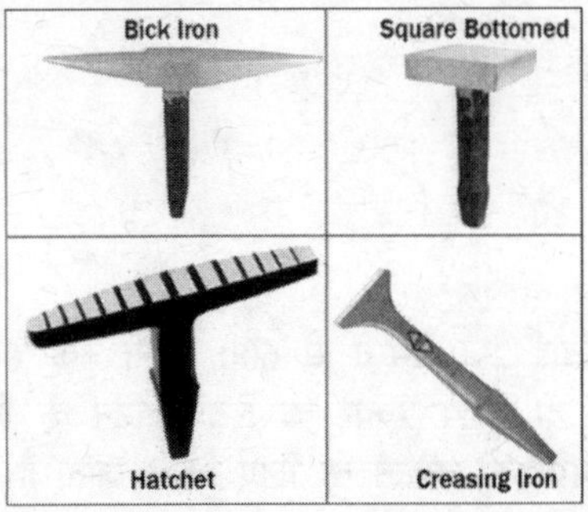

चित्र 12.7: स्टेक्स

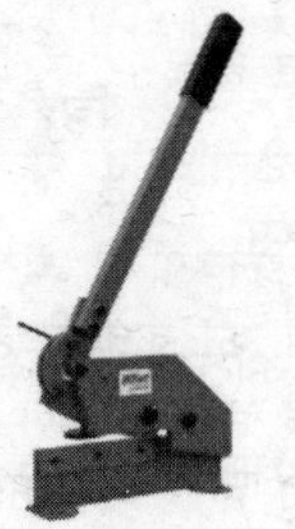

चित्र 12.8: बेंच कर्तनी

12.3.4 धातु चादर जोड़

धातु चादर के कार्य में अलग-अलग आवश्यकता के अनुरूप विभिन्न प्रकार के जोड़ों का उपयोग किया जाता है। ये स्व-सुरक्षित जोड़ हैं, जिसमें धातु स्वयं अपना ही उपयोग करके और धातु चादर के दो टुकड़ों को एक साथ जोड़कर जोड़ो को बनाते हैं। इन जोड़ों का उपयोग 1.6 मिमी से कम मोटाई की चादरों पर किया जाता है। चित्र 12.9 में दिखाया गया है।

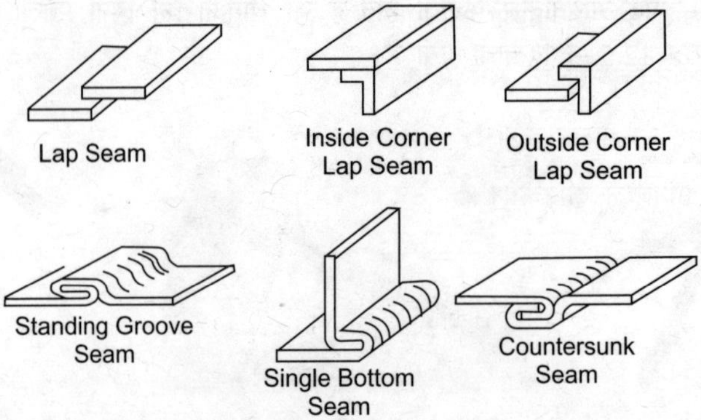

चित्र 12.9: धातु चादर जोड़

12.3.5 रिवेटिंग

धातु की दो या अधिक चादरों को एक साथ जकड़ने के लिए कीलक का उपयोग किया जाता है। जिन धातु की चादरों को जोड़ना होता हैं, उसी धातु के कीलक का उपयोग करना आम बात है।

12.3.6 धातु चादर पेंच

इनका उपयोग धातु चादर कार्य के अंतर्गत नलिका कार्यों को जोड़ने और स्थापित करने के लिए वायु संचालन, वातानुकूलन आदि में किया जाता है। इन स्क्रू को सेल्फ-टैपिंग स्क्रू के रूप में भी जाना जाता है क्योंकि वे अपने स्वयं के चूड़ी बनाते हैं।

12.3.7 सोल्डरिंग

सोल्डरिंग एक मिश्र धातु के साथ धातु के दो टुकड़ों को जोड़ने की एक विधि है जो एक अच्छी कार्यवस्तु की धातु की तुलना में कम तापमान पर पिघलती है। जुड़ने वाली धातुएं गंदगी, ग्रीस और ऑक्साइड से मुक्त होनी चाहिए। सोल्डर, टिन और लेड से समान अनुपात में बनाया जाता है। यह तार या छड़ के रूप में आता है। सोल्डरिंग के उपयोग निम्नलिखित हैं-

1. टेलीविजन, रेडियो, ट्रांजिस्टर और टेप रिकॉर्डर में विद्युत घटक
2. इलेक्ट्रॉनिक घटक जैसे मुद्रित परिपथ पटल
3. ऑटोमोबाइल के पुर्जे जैसे रेडिएटर और कॉपर पाइप
4. धातु चादर कार्य
5. बर्तन की मरम्मत में

12.4 प्रैक्टिकल आउटकम्स (PrO)

इस विषय के पाठ्यक्रम से व्युत्पन्न प्रायोगिक परिणाम:

PrO1: दिए गए कार्यवस्तु स्केच/आरेख की व्याख्या करें।

PrO2: उपयुक्त औजार और उपकरण चुनें।

PrO3: प्रासंगिक औजारों और उपकरणों का सही ढंग से उपयोग करें।

PrO4: दल के सदस्य/नेतृत्वकर्ता के रूप में कार्य करें।

PrO5: सुरक्षित प्रविधि का पालन करे।

PrO6: पर्यावरण के अनुकूल दृष्टिकोंण का उपयोग करे।

12.5 प्रायोगिक व्यवस्था (स्केच/कार्य स्थिति)

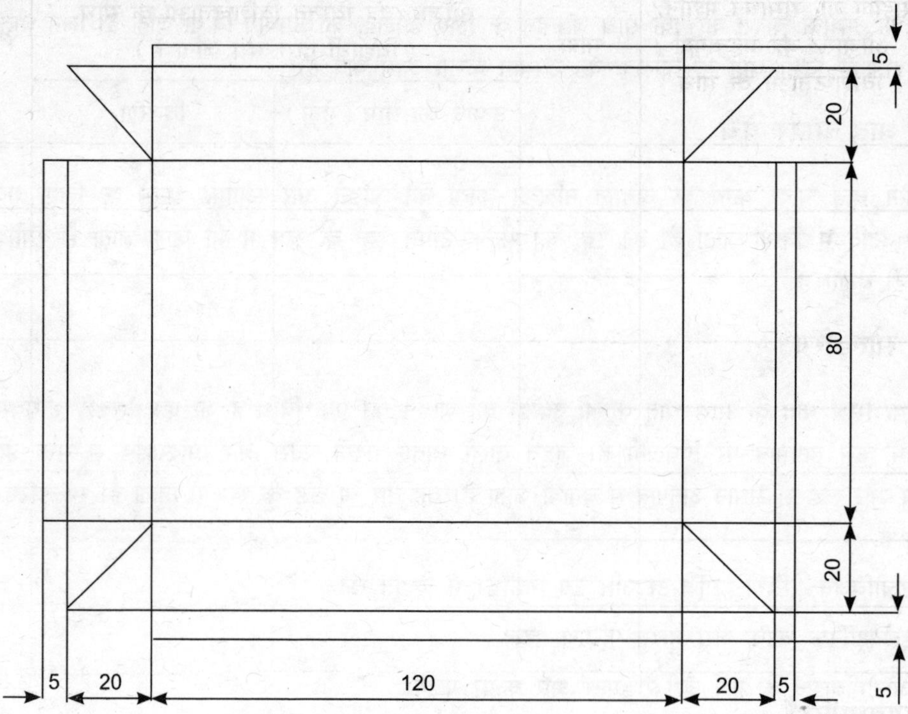

चित्र 12.10: धातु चादर कार्यवस्तु की विमायें

12.6 आवश्यक संसाधन

(इस प्रयोग के लिए विद्यार्थी चित्र 12.10 में दिखाए गए धातु चादर कार्यवस्तु के लिए उपयुक्त औजार और उपकरण का चयन करेंगे)

क्रमांक	सुझाए गए संसाधन मशीनें/ औजार/ यंत्र महत्वपूर्ण विशिष्टताओं के साथ	मात्रा	उपयोग किये गए वास्तविक संसाधन मशीनें/ औजार/यंत्र विस्तृत विशिष्टताओं के साथ (विद्यार्थी द्वारा भरा जाना है)		टिप्पणी (यदि कोई हो)
			उत्पाद का नाम (मेक)	विवरण	
1.					
2.					
3.					
4.					

क्रमांक	सुझाए गए संसाधन मशीनें/ औजार/ यंत्र महत्वपूर्ण विशिष्टताओं के साथ	मात्रा	उपयोग किये गए वास्तविक संसाधन मशीनें/ औजार/यंत्र विस्तृत विशिष्टताओं के साथ (विद्यार्थी द्वारा भरा जाना है)		टिप्पणी (यदि कोई हो)
			उत्पाद का नाम (मेक)	विवरण	
5.					
6.					
7.					
8.					
9.					
10.					
11.					
12.					

12.7 सावधानियाँ

1. धातु चादर शाला में हमेशा रबर का तला वाला पूरे ढके जूते ही पहनें।
2. धातु की चादरों को सावधानी से संभालें।
3. चादर की छीलन को उचित स्थान पर रखना चाहिए।
4. अंकन के लिए तेज रेखक का इस्तेमाल करें।
5. चादरों को अत्यधिक हथौड़े से ना मारे, इससे चादर मुड़-तुड़ जाएगी।
6. अभिन्यास के अंकन और कर्तन के दौरान समय-समय पर विमाओं की जांच करें।
7. उपयुक्त स्टेक (तार ब्रश) का प्रयोग करें।

12.8 प्रयोग विधि

1. आकृति 12.10 में दिए गए स्केच या आरेख की व्याख्या कीजिए और अंकन के लिए विमाओं को नोट कीजिए।
2. चित्र 12.10 में दर्शाए अनुसार आवश्यक आकार के औजार और धातु चादर एकत्र करें।
3. कार्य धातु पर अभिन्यास बनाएं।
4. चादर को चिह्नित रुपरेखा के साथ काटें।
5. ट्राय स्क्वायर की सहायता से चादर के किनारों को सीधापन और लंबवतता के लिए जाँचें।
6. वांछित प्रतिरूप बनाने के लिए सभी आवश्यक रेखाओं को चिह्नित करें।

7. चादर को सीधा स्निप से रेखाओं के साथ-साथ काटें।
8. वर्गाकार फलक को लंबवत बनाने के लिए जितने बंकन प्रक्रिया हो सके वो करें।
9. नुकीले कोनों और किनारों से बचने के लिए सभी किनारों को मोड़ें।
10. चारों फलकों को सीधा करें फिर मॉडल को अंतिम रूप प्रदान करें।
11. सभी विमाओं और परिसज्जा की जांच करें।

12.9 प्रेक्षण और गणना

(*प्रयोग के आधार पर संशोधित किया जा सकता है; विद्यार्थी द्वारा भरा जाना है*)

क्रमांक	-------------	-------------------		% त्रुटी
1.				
2.				

12.10 परिणाम एवं/अथवा विवेचना

(*विद्यार्थी द्वारा भरा जाना है*)

....

....

....

12.11 निष्कर्ष एवं/अथवा सत्यापन

(*विद्यार्थी द्वारा भरा जाना है*)

....

....

....

12.12 प्रयोग संबंधित प्रश्न

(*उत्तर के लिए अलग पुस्तिका का प्रयोग करें*)

नोट: नीचे संदर्भ के लिए कुछ नमूना प्रश्न दिए गए हैं। पूर्व-निर्धारित पाठ्यक्रम परिणाम की उपलब्धि सुनिश्चित करने के लिए शिक्षकों को ऐसे और प्रश्न तैयार करने चाहिए।

1. इस प्रयोग में स्टेक के चयन के कारणों को निर्दिष्ट करें।
2. धातु चादर जोड़ के कोई दो प्रकार लिखिए।
3. धातु चादर जोड़ के दो क्षेत्रीय/घरेलू उपयोग बताएं।
4. सपाट जोड़ की तैयारी की संक्षिप्त प्रक्रिया बताएं।
5. बैंच कर्तनी के कार्यविधि को समझाइए।

12.13 अपशिष्ट का निपटान

इस प्रयोग में फेंके जाने वाले अपशिष्ट पदार्थों को निम्नलिखित कूड़ेदानों में वर्गीकृत करें:

अपशिष्ट के प्रकार	डिब्बे (Bin) का रंग	विवरण
बायोडीग्रेडेबल अपशिष्ट	हरा	
ई-अपशिष्ट	काला	
प्लास्टिक एवं धातु के अपशिष्ट	नीला	
अन्य		

12.14 पर्यावरण के अनुकूल दृष्टिकोण: कम उपयोग (रिड्यूस), पुनः उपयोग (रियूज) एवं पुनर्चक्रण (रिसायकल)

इस प्रयोग में प्रयुक्त धातु की चादरों की विमाओं को उचित रूप से कम करके पुनः उपयोग किया जा सकता है।

12.15 अध्ययन हेतु सुझाए गए संसाधन

1. Workshop Practice Vol-I byHazra& Choudhary, Media Promoters & Publisher Pvt.Ltd. Mumbai, 14th edition 2010
2. Workshop Practice Vol-I by Raghuvanshi, Dhanpat Rai & Co.(P) Ltd. Delhi 2014

धातु चादर औजार

धातु चादर प्रक्रियाएं

12.16 सुझाई गई मूल्यांकन योजना

(शिक्षक द्वारा भरा जाना है)

दिए गए प्रदर्शन सूचक, प्रक्रिया और उत्पाद से संबंधित मूल्यांकन के लिए एक दिशानिर्देश के रूप में कार्य करेंगे।

	प्रदर्शन सूचक	भारिता (वेटेज)	दिए गए अंक
प्रक्रिया संबंधित: 6 अंक - 60%			
1.	अभिन्यास का अंकन और कर्तन	10%	
2.	औजारों/उपकरणों को संभालना	15%	
3.	प्रक्रिया के दौरान समय-समय पर कार्य को मापना	10%	
4.	कार्यवस्तु की जाँच करना	10%	
5.	दल में काम करना	5%	
6.	सुरक्षित प्रविधि का पालन करना	5%	
7.	पर्यावरण के अनुकूल दृष्टिकोण का अभ्यास करना	5%	

प्रदर्शन सूचक		भारिता (वेटेज)	दिए गए अंक
उत्पाद संबंधित: 4 अंक - 40%			
8.	लेखन परिणाम और/या व्याख्या	5%	
9.	कार्यवस्तु की शुध्दता	15%	
10.	प्रयोग संबंधित प्रश्नों के उत्तर देना	15%	
11.	बनाई गई अभ्यास पुस्तिका को समय पर जमा करना	5%	
	कुल	**100%**	

**उत्पाद और प्रक्रिया मूल्यांकन के लिए अंक और प्रतिशत भार शिक्षक द्वारा तय किया जाएगा।*

विद्यार्थी का नाम... **दिए गए अंक**			**शिक्षक के हस्ताक्षर एवं दिनांक**
प्रक्रिया सम्बंधित	उत्पाद सम्बंधित	कुल	

P13 धातु चादर जोड़

13.1 प्रायोगिक कथन

दिए गए विमाओं के अनुसार एक बंद घुमावदार जोड़ तैयार करें।

13.2 प्रायोगिक महत्व

अपने औद्योगिक अनुप्रयोगों के अलावा, कम वजन, मजबूत और टिकाऊ आदि अनूठी विशेषताओं के कारण धातु चादर घरेलू उत्पादों जैसे धातु ट्रे, अलमारियाँ, बक्से, गेहूं के कैनिंग टैंक इत्यादि में सबसे व्यापक रूप से उपयोग की जाने वाली सामग्रियों में से एक है।

इन घरेलू उत्पादों के निर्माण के लिए विभिन्न आवश्यकताओं के अनुरूप धातु चादर के काम में विभिन्न प्रकार के जोड़ों का उपयोग किया जाता है। अत: इस प्रयोग को करने से विद्यार्थी को धातु चादर जोड़ और उस कार्य को करने में लगने वाले समय के बारे में जानकारी प्राप्त होगी।

13.3 प्रासंगिक सिद्धांत

13.3.1 धातु चादर प्रक्रियाएं

कई अभियांत्रिकी और घरेलू वस्तुएं जैसे हॉपर, गार्ड, कवर, बॉक्स, डिब्बे, फनल, नलिकाएं, आदि धातु की एक सपाट चादर से बनाए जाते हैं; इस प्रक्रिया को टिन स्मिथी या धातु चादर कार्य के रूप में जाना जाता है। इसके लिए, वस्तु का विकास पहले धातु चादर पर खींचा जाता है, फिर वस्तु के आवश्यक आकार को बनाने के लिए काटा और मोड़ा जाता है।

धातु चादर प्रक्रियाओं को निम्नलिखित दो श्रेणियों में बांटा जा सकता है:

1. **कर्तन प्रक्रियाएं:** इन प्रक्रियाओं में कार्यवस्तु को उसकी अंतिम सामर्थ्य से अधिक तनाव दिया जाता है, लागू बलों द्वारा धातु में उत्पन्न तनाव कतरनी तनाव होगा।
2. **गठन प्रक्रियाएं:** इन प्रक्रियाओं में तनाव धातु की अंतिम सामर्थ्य से कम होते हैं धातु की कोई कटिंग नहीं होती है लेकिन वांछित उत्पाद प्राप्त करने के लिए कार्यवस्तु का आकार बदल दिया जाता है।

13.3.2 विभिन्न धातु चादर प्रक्रियाएं

(a) चादर कर्तन

धातु चादर कर्तन प्रक्रियाएं कर्तन किनारों पर उच्च बलों के अनुप्रयोग द्वारा बड़े चादरों से धातु चादर पदार्थ हटाता है। यदि कर्तनी तनाव पदार्थ की कर्तनी सामर्थ्य से अधिक हो जाये तो पदार्थ कटता है।

(b) **चादर बंकन (शीट बेंडिंग)**

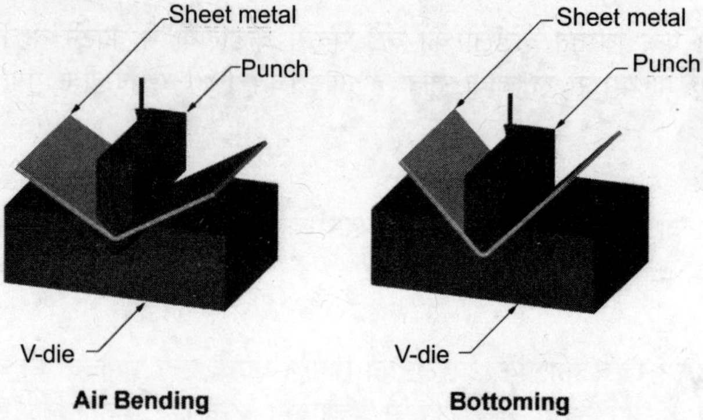

चित्र 13.1: चादर बंकन प्रक्रिया

बंकन एक गठन प्रक्रिया है जिसमें एक धातु चादर को बंकन स्ट्रेस के अधीन किया जाता है जिससे एक सपाट सीधी चादर एक घुमावदार चादर में बदल जाती है। मोटाई में बदलाव के बिना चादर प्लास्टिक रूप से विकृत हो जाती है। बंकन के लिए डाई और पंच का उपयोग किया जाता है। यदि V आकार के डाई और पंच का उपयोग किया जाता है, तो बंकन को V-बंकन कहा जाता है। चित्र 13.2 में दिखाया गया है।

(c) **चादर सिरा कुंतलन (शीट इंड कर्लिंग)**

कुंतलन एक धातु चादर गठन प्रक्रिया है जिसका उपयोग किनारों को एक खोखले रिंग में बनाने के लिए किया जाता है। चित्र 13.2 में दिखाए गए घुमावदार छोर के पास तेज किनारों को खत्म करने और जड़त्व आघूर्ण को बढ़ाने के लिए कुंतलन किया जा सकता है। चित्र 13.2 में दिखाया गया है।

(d) **पंचिंग**

यह एक कर्तन प्रक्रिया है जिसके द्वारा धातु चादर में विभिन्न आकार के छेद बनाए जाते हैं, यह छिद्रण के समान होता है, सिवाय इसके कि छिद्र वांछित उत्पाद होता है और छेद बनाने के लिए पदार्थ को हटाया किया जाता है। चित्र 13.3 (a) में दिखाया गया है।

(e) **ब्लैंकिंग**

यह एक धातु चादर से एक सपाट आकार को काटने की प्रक्रिया है, जिस वस्तु को छिद्रित किया जाता है उसे ब्लैंक कहा जाता है और यह प्रक्रिया का आवश्यक उत्पाद है, पीछे छुटी छिद्र और धातु को अपशिष्ट के रूप में फेंक दिया जाता है। चित्र 13.3 (b) में दिखाया गया है।

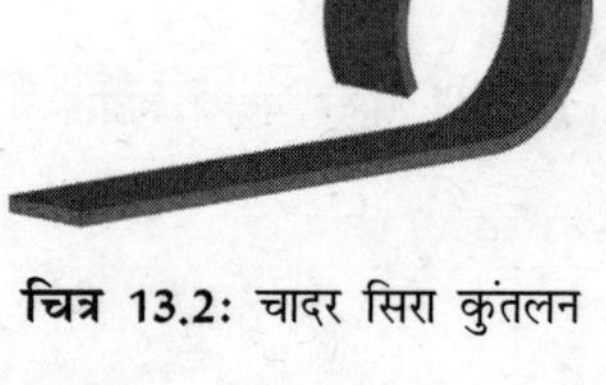

चित्र 13.2: चादर सिरा कुंतलन

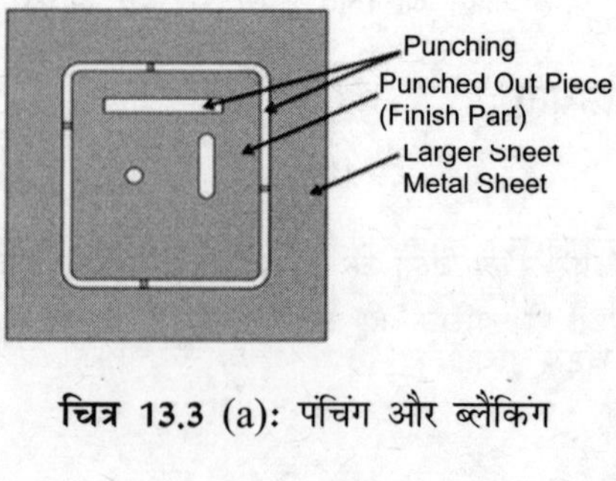

चित्र 13.3 (a): पंचिंग और ब्लैंकिंग

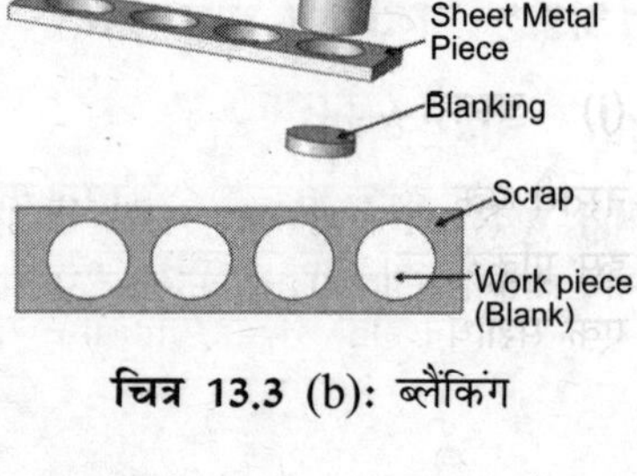

चित्र 13.3 (b): ब्लैंकिंग

(f) विदरण (स्लीटिंग)

विदरण का उपयोग धातु की एक विस्तृत कुंडली को कई संकरी कुंडलियों में काटने के लिए किया जाता है क्योंकि मुख्य कुंडली को विदरण के माध्यम से ले जाया जाता है और चित्र 13.4 में दिखाया गया है।

(g) खांचन (नोचिंग)

खांचन एक छेदन प्रक्रिया है जो कार्यवस्तु के किनारे से पदार्थ को हटाता है। और चित्र 13.5 में दिखाया गया है।

(h) कृंतन (निबलिंग)

कृंतन प्रक्रिया अतिछादी काट या खांचे की एक श्रृंखला का निर्माण करके एक समोच्च को काटती है। कृंतनक अनिवार्य रूप से एक छोटा पंच होता है और सांचा जो जल्दी से प्रत्यागमन करता है; प्रति मिनट लगभग 300-900 बार और चित्र 13.6 में दिखाया गया है।

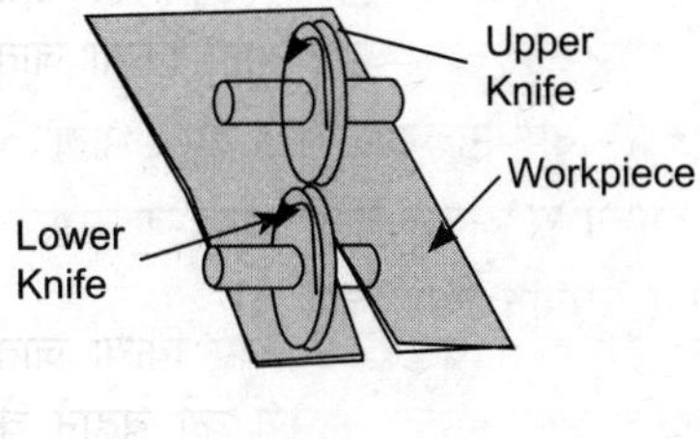

चित्र 13.4: विदरण प्रक्रिया

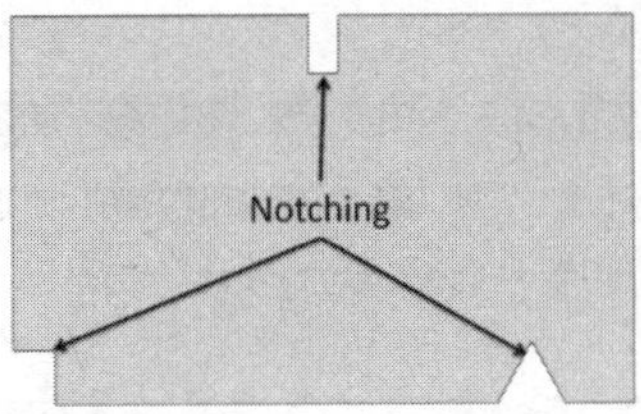

चित्र 13.5: खांचन प्रक्रिया

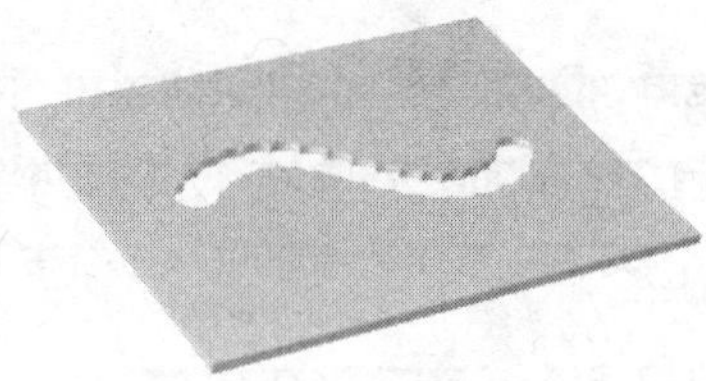

चित्र 13.6: कृंतन प्रक्रिया

(i) वेधन (पर्फोरेटिंग)

वेधन एक ऐसा प्रक्रिया है जिसमें धातु की एक चादर में समान रूप से कई छेद किए जाते हैं। छेद किसी भी आकार या रूप के हो सकते हैं। वे आमतौर पर धातु की पूरी चादर को कवर करते हैं। चित्र 13.7 में दिखाया गया है।

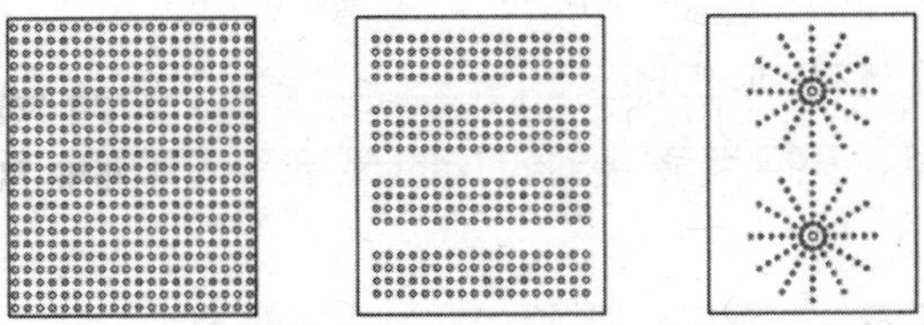

चित्र 13.7: वेधन प्रक्रिया

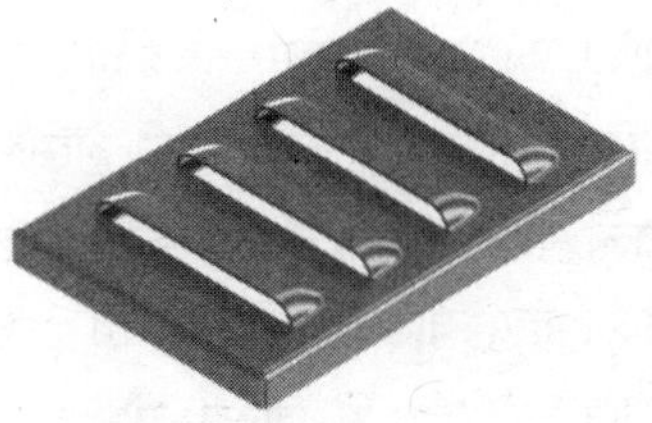

चित्र 13.8: नस्तरी प्रक्रिया

(j) नस्तरी (लैंसिंग)

नस्तरी एक छेदन प्रक्रिया है जिसमे कार्यवस्तु को काटा जाता है और सांचे की एक टक्कर की मदद से मोड़ा जाता है। इस प्रक्रिया का एक महत्वपूर्ण हिस्सा ये है की इसमें पदार्थ की कटौती नहीं होती है, बल्कि इसके ज्यामिति में केवल एक संशोधन होता है। यह प्रक्रिया टैब्स, वेंट्स इत्यादि बनाने के लिए उपयोग की जाती है। चित्र 13.8 में दिखाया गया है।

(k) छीलन (सेविंग)

छीलन प्रक्रिया एक परिष्करण प्रक्रिया है जहां पहले से खाली हिस्से से धातु की एक छोटी मात्रा को हटा दिया जाता है। इसका मुख्य उद्देश्य बेहतर आयामी सटीकता प्राप्त करना है, लेकिन माध्यमिक उद्देश्यों में किनारे को चौकोर करना और किनारे को चिकना करना शामिल है और चित्र 13.9 में दिखाया गया है।

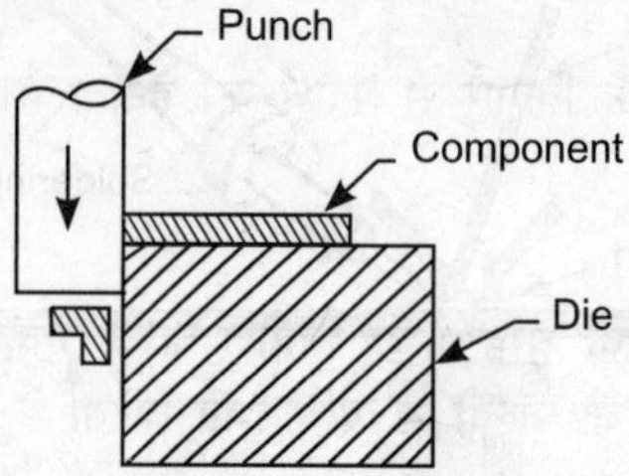

चित्र 13.9: छीलन प्रक्रिया

13.3.3 धातु चादर जुड़ाव प्रक्रिया

जुड़ाव प्रक्रिया जैसे ब्रेजिंग, सोल्डरिंग, रिवेटिंग और पदार्थों के आसंजक बोन्डिंग का उपयोग जोड़े जाने वाले भागों के बीच स्थायी जोड़ बनाने के लिए किया जाता है। उन्हें बलों के अनुप्रयोग द्वारा आसानी से अलग नहीं किया जा सकता। वे मुख्य रूप से एक प्रणाली बनाने के लिए कई भागों को इकट्ठा करने के लिए उपयोग किए जाते हैं।

13.3.3.1 ब्रेजिंग प्रक्रिया

यह एक जुड़ाव प्रक्रिया है जिसमें एक भराव धातु को पिघलाया जाता हैं और शामिल होने वाले धातु भागों की फेसिंग (संपर्क) सतहों के बीच केशिका क्रिया द्वारा वितरित किया जाता है। ब्रेजिंग में आधार पदार्थ पिघलती नहीं है, केवल भराव पिघलता है। ब्रेजिंग में, भराव धातु का गलनांक (तरल) 450°C से ऊपर होता है, लेकिन जुड़ने के लिए आधार धातुओं के गलनांक (सॉलिडस) से नीचे होता है।

ब्रेजिंग के निम्नलिखित लाभ हैं:

- ब्रेजिंग का उपयोग विभिन्न प्रकार की भिन्न धातुओं को मिलाने के लिए किया जा सकता है।
- विभिन्न मोटाई के टुकड़ों को आसानी से ब्रेजिंग से जोड़ा जा सकता है।
- पतली दीवार वाली नलिका और हल्की गेज धातु चादर संयोजनों को झलाई से नहीं जोड़ा जा सकता है जिन्हें ब्रेजिंग द्वारा जोड़ा जा सकता है।
- ब्रेजिंग की मदद से जटिल और बहु-घटक संयोजनों को किफायती रूप से गढ़ा जा सकता है।
- दुर्गम संयुक्त क्षेत्र जिन्हें गैस धातु या गैस टंगस्टन आर्क स्पॉट या सीम झलाई द्वारा वेल्ड नहीं किया जा सकता है उन्हें ब्रेजिंग द्वारा बनाया जा सकता है।

13.3.3.2 सोल्डरिंग प्रक्रिया

सोल्डरिंग ब्रेजिंग के समान है और इसे एक जुड़ने की प्रक्रिया के रूप में परिभाषित किया जा सकता है जिसमें एक भराव धातु जिसका गलनांक (तरल पदार्थ) 450 डिग्री सेल्सियस से अधिक न हो के साथ पिघलाया जाता है और धातु के हिस्सों की फेसिंग सतहों के बीच केशिका क्रिया द्वारा वितरित किया जाता है। ब्रेजिंग की तरह, आधार धातु

का कोई गलनांक नहीं होता है, लेकिन भराव धातु का गलन हो जाता है और आधार धातु के साथ मिलकर धातुकर्मीय संयोजन बनाता है। भराव धातु, जिसे सोल्डर कहा जाता है, को जोड़ में मिलाया जाता है, जो खुद को बारीकी से फिटिंग भागों के बीच वितरित करता है।

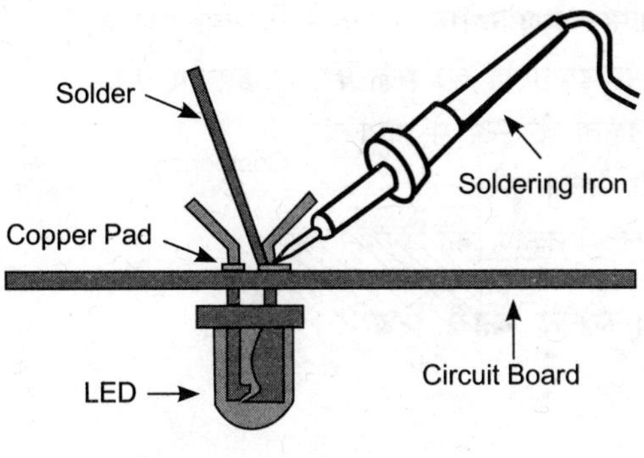

चित्र 13.10: सोल्डरिंग प्रक्रिया

सोल्डरिंग प्रक्रियाओं के प्रकार:

(*i*) **सॉफ्ट सोल्डरिंग:** इसे धातु चादर कार्य में उपयोग किया जाता है और इसकी मजबूती कम होती है।

(*ii*) **हार्ड सोल्डरिंग:** इसका उपयोग तब किया जाता है जब मजबूत जोड़ की आवश्यकता होती है।

गर्म करने के स्रोत की विधि के आधार पर, सोल्डरिंग प्रक्रियाएं, प्रतिरोध सोल्डरिंग, मशाल सोल्डरिंग, फर्नेस सोल्डरिंग इत्यादि हो सकती हैं।

(a) अनुप्रयोग:

इसका उपयोग मुख्य रूप से रेडियो, टेप-रिकॉर्डर, प्रिंटेड सर्किट बोर्ड आदि में तारों को जोड़ने में किया जाता है।

(b) लाभ:

1. यह द्रव और गैसरोधी जोड़ों को शीघ्रता से बनाता है।
2. जोड़ की लागत काफी कम होती है।
3. सोल्डरिंग का तापमान कम होता है।
4. सोल्डरिंग के लिए उपयोग किए जाने वाले उपकरण सरल, सस्ते और संभालने में आसान हैं।
5. यह सबसे किफायती तरीका है।

(c) दोष:

जोड़ इतने मजबूत नहीं होते कि वे लगातार झटके और खिंचाव का सामना कर सकें, जो इस प्रक्रिया का मुख्य दोष है।

13.3.3.3 रिवेटिंग प्रक्रिया

रिवेटिंग एक फोर्जिंग प्रक्रिया है जिसका उपयोग कीलक नामक धातु के हिस्से के माध्यम से भागों को एक साथ जोड़ने के लिए किया जा सकता है। कीलक आसन्न सतहों के माध्यम से भागों को जोड़ने का कार्य करता है। एक सीधा धातु का टुकड़ा भागों के माध्यम से जुड़ा हुआ है। फिर दोनों छोर भागों को सुरक्षित रूप से जोड़ते हुए संयोजन द्वारा बनते हैं। संयोजन बनाने के लिए इस्तेमाल किए जाने वाली धातु की कार्यवस्तु खोखली हो सकती है या ठोस हो सकती है। कीलक के कई उपयोग हैं, जैसे कि निर्माण और धातु चादर उद्योगों में।

13.4 प्रैक्टिकल आउटकम्स (PrO)

इस विषय के पाठ्यक्रम से व्युत्पन्न प्रायोगिक परिणाम:

PrO1: दिए गए कार्यवस्तु स्केच/आरेख की व्याख्या करें।

PrO2: उपयुक्त औजार और उपकरण चुनें।

PrO3: प्रासंगिक औजारों और उपकरणों का सही ढंग से उपयोग करें।

PrO4: दल के सदस्य/नेतृत्वकर्ता के रूप में कार्य करें।

PrO5: सुरक्षित अभ्यासों का पालन करे।

PrO6: पर्यावरण के अनुकूल दृष्टिकोण का उपयोग करे।

13.5 प्रायोगिक व्यवस्था (स्केच/कार्य स्थिति)

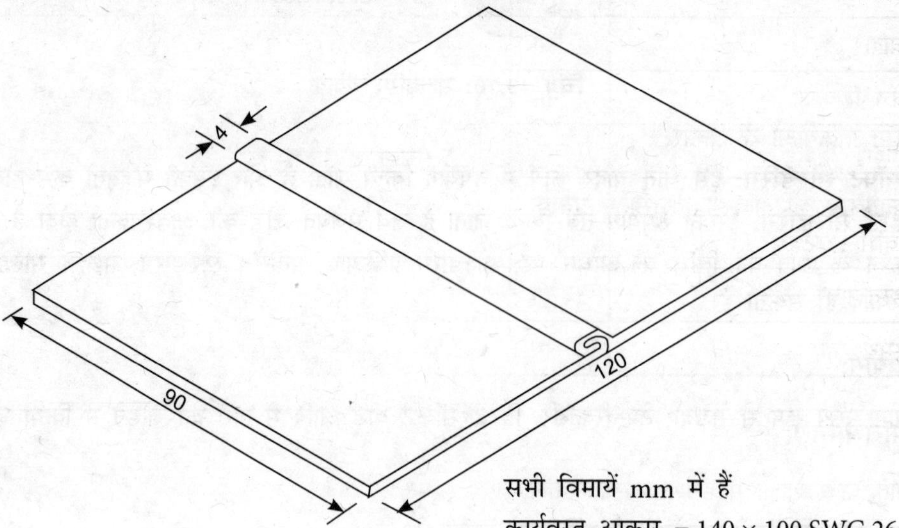

चित्र 13.11: धातु चादर जोड़ विमायें

13.6 आवश्यक संसाधन

क्रमांक	सुझाए गए संसाधन मशीनें/ औजार/ यंत्र महत्वपूर्ण विशिष्टताओं के साथ	मात्रा	उपयोग किये गए वास्तविक संसाधन मशीनें/ औजार/यंत्र विस्तृत विशिष्टताओं के साथ (विद्यार्थी द्वारा भरा जाना है)		टिप्पणी (यदि कोई हो)
			उत्पाद का नाम (मेक)	विवरण	
1.	G.I चादर 140 × 100 mm of 26 swg	1 नग			
2.	स्टील का फुट्टा 30 cm	1 नग			
3.	मैलेट	1 नग			

क्रमांक	सुझाए गए संसाधन मशीनें/ औजार/ यंत्र महत्वपूर्ण विशिष्टताओं के साथ	मात्रा	उपयोग किये गए वास्तविक संसाधन मशीनें/ औजार/यंत्र विस्तृत विशिष्टताओं के साथ (विद्यार्थी द्वारा भरा जाना है)		टिप्पणी (यदि कोई हो)
			उत्पाद का नाम (मेक)	विवरण	
4.	पंच	1 नग			
5.	रेखाक	1 नग			
6.	सीधा स्निप्स	1 नग			
7.	बेंच कर्तनी	1 नग			
8.	ट्राय स्क्वायर	1 नग			
9.	चांदा	1 नग			
10.	बेंच शिकंजा	1 नग			
11.	निहाई 25 kg	1 नग			
12.	कार्यवस्तु की आवश्यकतानुसार विभिन्न स्टेक्स	प्रत्येक 1			
13.	हस्त ग्रूवर	1 नग			
14.	स्मूथ रेती	1 नग			

13.7 सावधानियाँ

1. धातु चादर शाला में हमेशा रबर का तला वाला पूरे ढके जूते ही पहनें।
2. धातु की चादरों को सावधानी से संभालें।
3. चादर की छीलन को उचित स्थान पर रखना चाहिए।
4. अंकन के लिए तेज रेखक का इस्तेमाल करें।
5. चादरों को अत्यधिक हथौड़े से ना मारे, इससे चादर मुड़-तुड़ जाएगी।
6. अभिन्यास के अंकन और कर्तन के दौरान समय-समय पर विमाओं की जांच करें।
7. उपयुक्त स्टेक का प्रयोग करें।

13.8 प्रयोग विधि

1. चित्र 13.11 में दिए गए स्केच या आरेख की व्याख्या कीजिए और अंकन के लिए विमाओं को नोट कीजिए।
2. चित्र 13.11 में दर्शाए अनुसार आवश्यक आकार के औजार और धातु चादर एकत्र करें।
3. कार्य धातु पर अभिन्यास बनाएं।
4. चादर को चिह्नित रुपरेखा के साथ काटें।
5. ट्राई स्क्वायर की सहायता से चादर के किनारों को सीधापन और लंबवतता के लिए जाँचें।

6. 132 × 90mm आकार के वांछित प्रतिरूप को बनाने के लिए सभी आवश्यक रेखाओं को चिह्नित करें।
7. चादर को 66 × 90mm के दो आकार में काटें।
8. प्रत्येक पर हुक बनाने के लिए आवश्यक रेखा को चिह्नित कर झुकाने की आवश्यकता है।
9. मैलेट से प्रहार करके जोड़ बनाने के लिए हुक को एक साथ मोड़ा जाए।
10. हस्त ग्रोवर की मदद से जोड़ को बंधित करें और प्रतिरूप तैयार करें।
11. प्रतिरूप को अंतिम रूप प्रदान करें और सभी विमाओं की जांच करें।

13.9 प्रेक्षण और गणना

(प्रयोग के आधार पर संशोधित किया जा सकता है; विद्यार्थी द्वारा भरा जाना है)

क्रमांक	-------------	------------------		% त्रुटी
1.				
2.				

13.10 परिणाम एवं/अथवा विवेचना

(विद्यार्थी द्वारा भरा जाना है)

....

....

....

13.11 निष्कर्ष एवं/अथवा सत्यापन

(विद्यार्थी द्वारा भरा जाना है)

....

....

....

13.12 प्रयोग संबंधित प्रश्न

(उत्तर के लिए अलग पुस्तिका का प्रयोग करें)

नोट: नीचे संदर्भ के लिए कुछ नमूना प्रश्न दिए गए हैं। पूर्व-निर्धारित पाठ्यक्रम परिणाम की उपलब्धि सुनिश्चित करने के लिए शिक्षकों को ऐसे और प्रश्न तैयार करने चाहिए।

1. सोल्डरिंग और रिवेटिंग के क्षेत्र अनुप्रयोगों को लिखें।
2. इस प्रयोग में बरती जाने वाली सावधानियों को लिखिए।
3. बंकन और कर्तन प्रक्रियाओं की व्याख्या करें।
4. धातु चादर प्रक्रिया में उपयोग में आने वाली कृंतन प्रक्रिया की व्याख्या करें।
5. धातु चादर जोड़ों को सचित्र समझाइए।

13.13 अपशिष्ट का निपटान

(विद्यार्थी द्वारा भरा जाना है)

इस प्रयोग में फेंके जाने वाले अपशिष्ट पदार्थों को निम्नलिखित कूड़ेदानों में वर्गीकृत करें:

अपशिष्ट के प्रकार	डिब्बे (Bin) का रंग	विवरण
बायोडीग्रेडेबल अपशिष्ट	हरा	
ई-अपशिष्ट	काला	
प्लास्टिक एवं धातु के अपशिष्ट	नीला	
अन्य		

13.14 पर्यावरण के अनुकूल दृष्टिकोण: कम उपयोग (रिड्युस), पुनः उपयोग (रियूज) और पुनर्चक्रण (रिसायकल)

इस प्रयोग में प्रयुक्त धातु की चादरों की विमाओं को उचित रूप से कम करके पुनः उपयोग किया जा सकता है।

13.15 अध्ययन हेतु सुझाए गए संसाधन

1. Workshop Practice Vol-I byHazra & Choudhary, Media Promoters & Publisher Pvt.Ltd. Mumbai, 14th edition 2010
2. Workshop Practice Vol-I by Raghuvanshi, Dhanpat Rai & Co.(P) Ltd. Delhi 2014

धातु चादर जोड़

एकल ग्रुव्ड जोड़

13.16 सुझाई गई मूल्यांकन योजना

(शिक्षक द्वारा भरा जाना है)

दिए गए प्रदर्शन सूचक, प्रक्रिया और उत्पाद से संबंधित मूल्यांकन के लिए एक दिशानिर्देश के रूप में कार्य करेंगे।

प्रदर्शन सूचक		भारिता (वेटेज)	दिए गए अंक
प्रक्रिया संबंधित: 6 अंक - 60%			
1.	अभिन्यास का अंकन और कर्तन	10%	
2.	औजारों/उपकरणों को संभालना	15%	
3.	प्रक्रिया के दौरान समय-समय पर कार्य को मापना	10%	
4.	कार्यवस्तु की जाँच करना	10%	
5.	दल में काम करना	5%	
6.	सुरक्षित प्रविधि का पालन करना	5%	
7.	पर्यावरण के अनुकूल दृष्टिकोण का अभ्यास करना	5%	

प्रदर्शन सूचक		भारिता (वेटेज)	दिए गए अंक
उत्पाद संबंधित: 4 अंक - 40%			
8.	लेखन परिणाम और/या व्याख्या	5%	
9.	कार्यवस्तु की शुध्दता	15%	
10.	प्रयोग संबंधित प्रश्नों के उत्तर देना	15%	
11.	बनाई गई अभ्यास पुस्तिका को समय पर जमा करना	5%	
	कुल	**100%**	

** उत्पाद और प्रक्रिया मूल्यांकन के लिए अंक और प्रतिशत भार शिक्षक द्वारा तय किया जाएगा।*

विद्यार्थी का नाम.. दिए गए अंक			शिक्षक के हस्ताक्षर एवं दिनांक
प्रक्रिया सम्बंधित	उत्पाद सम्बंधित	कुल	

P14 कीलक जोड़

14.1 प्रायोगिक कथन

दिए गए विमाओं के अनुसार दो धातु की पट्टी के बीच कीलक जोड़ (चढ़ाव जोड़) तैयार करें।

14.2 प्रायोगिक महत्व

धातु चादर के कार्यों में, आमतौर पर झलाई, काबला जोड़, रिवेटिंग, सोल्डरिंग का उपयोग दो या दो से अधिक धातु चादरों के भागों को जोड़ने के लिए किया जाता है। इन जुड़ाव विधियों का उपयोग आमतौर पर यांत्रिक विनिर्माण के क्षेत्र में किया जाता है। यह विधियां आवश्यकता के अनुसार दो या दो से अधिक धातु की चादरों को एक साथ जोड़ने का एक आसान, किफायती और स्थायी तरीका है। यह प्रयोग विद्यार्थियों को धातु चादर रिवेटिंग से संबंधित कौशल विकसित करने में मदद करेगा।

14.3 प्रासंगिक सिद्धांत

14.3.1 कीलक जोड़ (रिवेट्स जॉइंट)

अक्सर छोटे मशीन घटकों को एक साथ जोड़कर एक बड़ा मशीन का हिस्सा बनाया जाता है। जोड़ों का डिजाइन उतना ही महत्वपूर्ण है जितना कि मशीन के घटकों का क्योंकि एक कमजोर जोड़ सावधानीपूर्वक डिजाइन किए गए मशीन के हिस्से की उपयोगिता को खराब कर सकता है। यांत्रिक जोड़ों को मोटे तौर पर दो वर्गों में वर्गीकृत किया जाता है, अस्थाई जोड़ और स्थायी जोड़। गैर-स्थायी जोड़ों में घटकों को नुकसान पहुंचाए बिना जोड़ा और अलग किया जा सकता है। ऐसे जोड़ों के उदाहरण चूड़ीदार कसनी (जैसे पेंच-जोड़), की और कपलिंग आदि हैं।

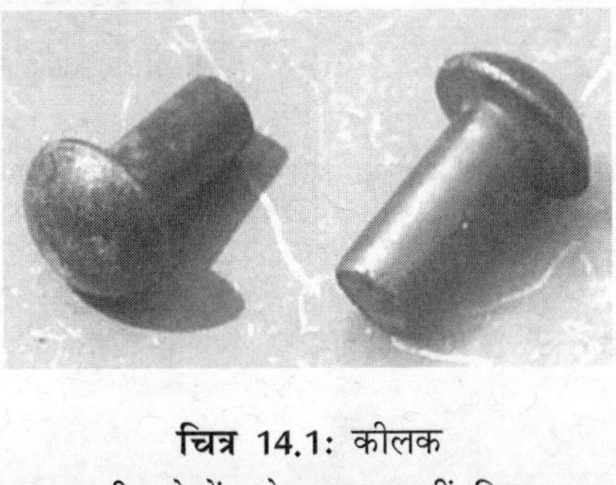

चित्र 14.1: कीलक

घटकों को नुकसान पहुंचाए बिना स्थायी जोड़ों को अलग नहीं किया जा सकता है। दो भागों को धारण करने वाले बल की प्रकृति के आधार पर ये जोड़ दो प्रकार के हो सकते हैं। बल यांत्रिक मूल का हो सकता है, उदाहरण के लिए, कीलक जोड़, दाब गठित जोड़ या व्यतिकरण जुड़नार आदि, जहां दो घटक यांत्रिक बल लगाने से जुड़ते हैं।

घटकों को आणविक बल द्वारा भी जोड़ा जा सकता है, उदाहरण के लिए, झलाई जोड़, ब्रेज्ड जोड़, आसंजक जोड़ आदि। बहुत पहले तक कीलक जोड़ों का उपयोग अक्सर संरचनात्मक सदस्यों को स्थायी रूप से जोड़ने के लिए नहीं किया जाता था। हालांकि, झलाई और काबला जोड़ों में महत्वपूर्ण सुधार ने इन जोड़ों के उपयोग के महत्त्व को कम कर दिया है। फिर भी, कीलक का उपयोग संरचनाओं, समुद्री जहाज के बॉडी, पुल, टैंक और खोलों में किया जाता है, जहां उच्च सामर्थ्य जोड़ की आवश्यकता होती है।

14.3.2 कीलक और रिवेटिंग

एक कीलक एक छोटी बेलनाकार छड़ होती है जिसमें एक सिर और एक शुन्डाकार पूंछ होता है। कीलक के मुख्य शरीर को शैंक कहते हैं।

रिवेटिंग एक ऐसी प्रक्रिया है जिसमें दो प्लेटों को एक कीलक की मदद से जोड़ा जाता है। जोड़ को मजबूत और रिसाव रहित बनाने के लिए पर्याप्त यांत्रिक बल लगाया जाता है। जुड़ने के लिए दो प्लेटों में ड्रिल द्वारा चिकना छिद्र बनाया जाता है (या पंच किया जाता है फिर छिद्र वर्धन किया जाता है) और कीलक को उसमें डाला जाता है। पूंछ के अंत में एक सांचा के साथ आवश्यक बल लगाया जाता है जब तक कि पूंछ आवश्यक आकार में नमनीय रूप से विकृत न हो जाए। इस पर निर्भर करते हुए कि कीलक को शुरू में गर्म किया गया है या नहीं, रिवेटिंग प्रक्रिया दो प्रकार की हो सकती है: (a) कोल्ड रिवेटिंग वातावरणीय तापमान पर किया जाता है और (b) हॉट रिवेटिंग, रिवेट्स को शुरू में बल लगाने से पहले गर्म किया जाता है। रिवेटिंग करने के बाद, रिसाव-रहितता जोड़ सुनिश्चित करने के लिए क्विंनचिंग और टेंपरिंग द्वारा जोड़ को उष्मा-उपचारित किया जाता है।

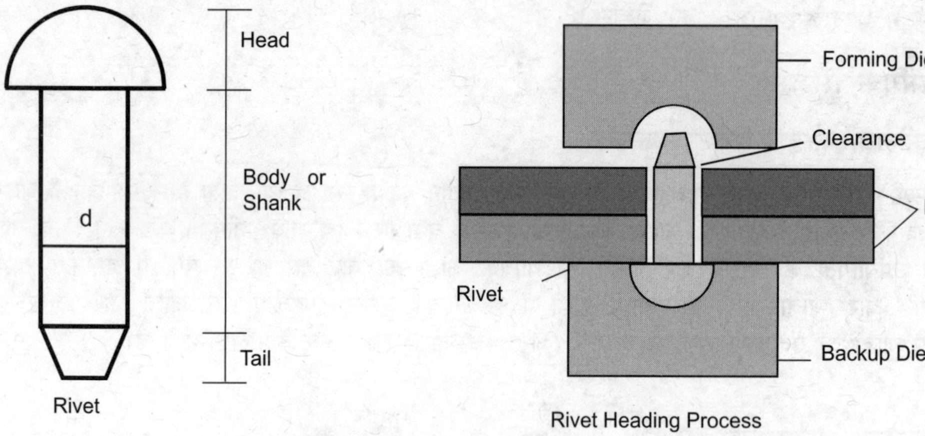

चित्र 14.2: कीलक और कीलक शीर्षक प्रक्रिया

14.3.3 कीलक जोड़ों के प्रकार

कीलक जोड़ मुख्यत: दो प्रकार के होते हैं 1. चढ़ाव जोड़ 2. सपाट जोड़।

(a) चढ़ाव जोड़

जिन प्लेटों को जोड़ा जाना है उन्हें ऊपर-नीचे लाया जाता है ताकि एक आच्छादन मौजूद हो, जैसा कि चित्र 14.3 में दिखाया गया है। आच्छादित हिस्से पर कीलक डाले जाते हैं। जोड़ को मजबूती देने के लिए कीलक की एकल या एकाधिक पंक्तियों का उपयोग किया जाता है। पंक्तियों की संख्या के आधार पर रिवेट किए गए जोड़ों को एकल रिवेटेड

चढ़ाव जोड़, दोहरा या तिहरा रिवेटेड चढ़ाव जोड़ आदि के रूप में वर्गीकृत किया जा सकता है। जब कई जोड़ों का उपयोग किया जाता है, तो दो पड़ोसी पंक्तियों के बीच कीलक की व्यवस्था दो प्रकार की हो सकती है। चेन रिवेटिंग में आसन्न पंक्तियों में एक ही अनुप्रस्थ रेखा में कीलक होते हैं। जिग-जैग रिवेटिंग में, दूसरी ओर, कीलक की आसन्न पंक्तियाँ टेढ़ी-मेढ़ी होती हैं।

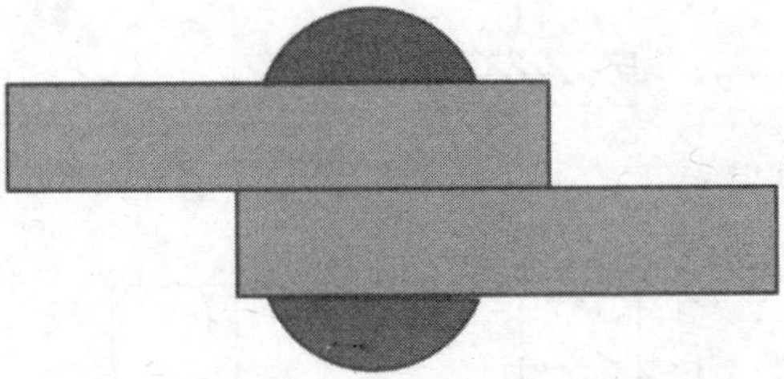

चित्र 14.3: चढाव जोड़

(b) सपाट जोड़

इस प्रकार के जोड़ में प्लेटों को बिना किसी आच्छादन के एक दूसरे के पास लाया जाता है। प्रत्येक प्लेट और एक या दो कवर प्लेटों के बीच कीलक जोड़ बनते हैं। कवर प्लेटों की संख्या के आधार पर सपाट जोड़ एकल पट्टी या दोहरी पट्टी सपाट जोड़ हो सकते हैं। एक एकल पट्टी सपाट जोड़ को चित्र 14.4 में दिखाया गया है।

चढाव जोड़ों की तरह, कीलक की व्यवस्था विभिन्न प्रकार की हो सकती है, अर्थात् एकल पंक्ति, दोहरी या तिहरी चेन या टेढ़ी-मेढ़ी।

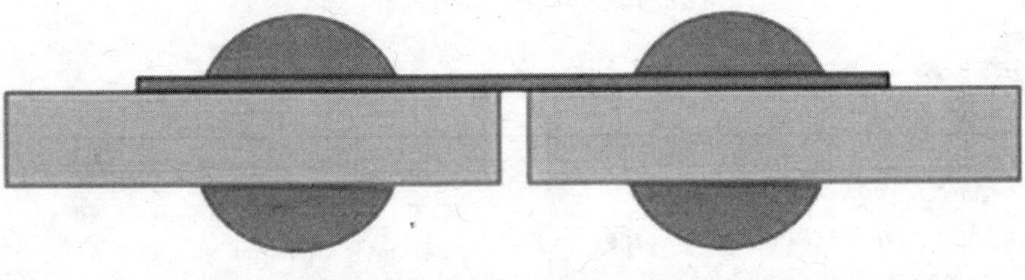

चित्र 14.4: सपाट जोड़

14.4 प्रैक्टिकल आउटकम्स (PrO)

इस विषय के पाठ्यक्रम से व्युत्पन्न प्रायोगिक परिणाम:

PrO1: दिए गए कार्यवस्तु स्केच/आरेख की व्याख्या करें।

PrO2: उपयुक्त औजार और उपकरण चुनें।

PrO3: प्रासंगिक औजारों और उपकरणों का सही ढंग से उपयोग करें।

PrO4: समूह के सदस्य/नेतृत्वकर्ता के रूप में कार्य करें।

PrO5: सुरक्षित प्रविधि का पालन करे।

PrO6: पर्यावरण के अनुकूल दृष्टिकोंण का उपयोग करे।

14.5 प्रायोगिक व्यवस्था (स्केच/कार्य स्थिति)

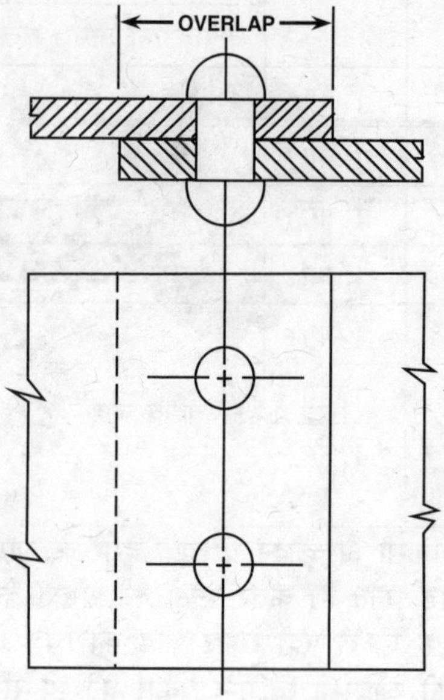

चित्र 14.5: एकल रिवेटेड चढ़ाव जोड़

14.6 आवश्यक संसाधन

क्रमांक	सुझाए गए संसाधन मशीनें/ औजार/ यंत्र महत्वपूर्ण विशिष्टताओं के साथ	मात्रा	उपयोग किये गए वास्तविक संसाधन मशीनें/ औजार/यंत्र विस्तृत विशिष्टताओं के साथ (विद्यार्थी द्वारा भरा जाना है)		टिप्पणी (यदि कोई हो)
			उत्पाद का नाम (मेक)	विवरण	
1.	दो एल्युमीनियम प्लेट 60 × 90 × 6 mm	1 नग			
2.	स्टील का फुट्टा 30 cm	1 नग			
3.	कीलक एल्युमीनियम	4 नग			
4.	मैलेट	1 नग			
5.	सेंटर पंच	1 नग			
6.	रेखक	1 नग			

क्रमांक	सुझाए गए संसाधन मशीनें/ औजार/ यंत्र महत्वपूर्ण विशिष्टताओं के साथ	मात्रा	उपयोग किये गए वास्तविक संसाधन मशीनें/ औजार/यंत्र विस्तृत विशिष्टताओं के साथ (विद्यार्थी द्वारा भरा जाना है)		टिप्पणी (यदि कोई हो)
			उत्पाद का नाम (मेक)	विवरण	
7.	सीधा स्निप्स	1 नग			
8.	बेंच शिकंजा	1 नग			
9.	ट्राय स्क्वायर	1 नग			
10.	चांदा	1 नग			
11.	बेंच शिकंजा	1 नग			
12.	निहाई 25 kg	1 नग			
13.	ड्रिलिंग मशीन ड्रिल बिट्स के साथ	1 नग			
14.	रिवेटिंग हथौड़ा	1 नग			

14.7 सावधानियाँ

1. धातु चादर शाला में हमेशा रबर का तला वाला पूरे ढके जूते ही पहनें।
2. धातु की चादरों को सावधानी से संभालें।
3. चादर की छीलन को उचित स्थान पर रखना चाहिए।
4. अंकन के लिए तेज रेखक का इस्तेमाल करें।
5. चादरों को हथौड़े से अत्यधिक ना मारें, इससे चादर मुड़-तुड़ जाएगी।
6. अभिन्यास के अंकन और कर्तन के दौरान समय-समय पर विमाओं की जांच करें।

14.8 प्रयोग विधि

1. चित्र 14.5 में दिए गए स्केच या आरेख की व्याख्या कीजिए और शिक्षक के सुझावों के अनुसार अंकन के लिए विमाओं को तय कीजिए।
2. चित्र 14.5 में दर्शाए अनुसार आवश्यक आकार के औजार और धातु चादर एकत्र करें।
3. दी गई एल्युमिनियम चादर लें और धातु चादर कर्तक की मदद से इसे आवश्यक विमाओं में काट लें।
4. एल्युमिनियम चादर के कटे हुए हिस्से को बेंच शिकंजे में रखें और समकोण के लिए रेता करें।
5. रेखक, डॉट पंच और सेंटर पंच की मदद से कीलक के छेद के विमाओं को चिह्नित करें।
6. ड्रिलिंग मशीन की सहायता से दो एल्युमीनियम प्लेटों पर छेद करें।
7. अब कीलक लें और उन्हें बॉल पीन हथौड़े से आवश्यक छिद्रों में पंच करें।
8. कीलक लगाने से पहले, उन्हें ठीक से क्लैंप करें और रिवेटिंग करें और सुनिश्चित करें कि प्लेट्स ठीक से जुड़ी हुई हैं।

14.9 प्रेक्षण और गणना

(प्रयोग के आधार पर संशोधित किया जा सकता है; विद्यार्थी द्वारा भरा जाना है)

क्रमांक	-------------	------------------		% त्रुटी
1.				

14.10 परिणाम एवं/अथवा विवेचना

(विद्यार्थी द्वारा भरा जाना है)

....

....

....

14.11 निष्कर्ष एवं/अथवा सत्यापन

(विद्यार्थी द्वारा भरा जाना है)

....

....

....

14.12 प्रयोग संबंधित प्रश्न

(उत्तर के लिए अलग पुस्तिका का प्रयोग करें)

नोट: नीचे संदर्भ के लिए कुछ नमूना प्रश्न दिए गए हैं। पूर्व-निर्धारित पाठ्यक्रम परिणाम की उपलब्धि सुनिश्चित करने के लिए शिक्षकों को ऐसे और प्रश्न तैयार करने चाहिए।

1. धातु चादर में प्रयुक्त कीलक के प्रकारों की व्याख्या करें।
2. रिवेटिंग का उद्देश्य लिखिए।
3. इस प्रयोग में रिवेटिंग के लिए अपनाई गई प्रक्रिया का संक्षेप में वर्णन कीजिए।
4. धातु चादर शाला में रिवेटिंग के कोई तीन दोष बताइए।
5. स्वच्छ रेखाचित्र के साथ किन्ही तीन प्रकार के सामान्य प्रयोजन कीलक शीर्षों का वर्णन कीजिए।

14.13 अपशिष्ट का निपटान

(विद्यार्थी द्वारा भरा जाना है)

इस प्रयोग में फेंके जाने वाले अपशिष्ट पदार्थों को निम्नलिखित कूड़ेदानों में वर्गीकृत करें:

अपशिष्ट के प्रकार	डिब्बे (Bin) का रंग	विवरण
बायोडीग्रेडेबल अपशिष्ट	हरा	
ई-अपशिष्ट	काला	
प्लास्टिक एवं धातु के अपशिष्ट	नीला	
अन्य		

14.14 पर्यावरण के अनुकूल दृष्टिकोण: कम उपयोग (रिड्युज), पुनः उपयोग (रियूज) और पुनर्चक्रण (रिसायकल)

इस प्रयोग में प्रयुक्त धातु की चादरों की विमाओं को उचित रूप से कम करके पुन: उपयोग किया जा सकता है।

14.15 अध्ययन हेतु सुझाए गए संसाधन

1. Workshop Practice Vol-I byHazra& Choudhary, Media Promoters & Publisher Pvt.Ltd. Mumbai, 14th edition 2010
2. Workshop Practice Vol-I by Raghuvanshi, Dhanpat Rai & Co.(P) Ltd. Delhi 2014

रिवेटिंग के मूलभूत सिद्धांत

रिवेटिंग

14.16 सुझाई गई मूल्यांकन योजना

(शिक्षक द्वारा भरा जाना है)

दिए गए प्रदर्शन संकेतक,प्रक्रिया और उत्पाद से संबंधित मूल्यांकन के लिए एक दिशानिर्देश के रूप में कार्य करेंगे।

प्रदर्शन सूचक		भारिता (वेटेज)	दिए गए अंक
प्रक्रिया संबंधित: 5 अंक - 50%			
1.	अभिन्यास का अंकन और कर्तन	10%	
2.	औजारों/उपकरणों को संभालना	15%	
3.	कार्यवस्तु की जाँच करना	10%	
4.	दल में काम करना	5%	
5.	सुरक्षित प्रविधि का पालन करना	5%	
6.	पर्यावरण के अनुकूल दृष्टिकोण का अभ्यास करना	5%	
उत्पाद संबंधित: 5 अंक - 50%			
7.	लेखन परिणाम और/या व्याख्या	5%	
8.	कार्यवस्तु की शुद्धता	15%	
9.	लेखन निष्कर्ष	10%	
10.	प्रयोग संबंधित प्रश्नों के उत्तर देना	15%	
11.	बनाई गई अभ्यास पुस्तिका को समय पर जमा करना	5%	
	कुल	**100%**	

**उत्पाद और प्रक्रिया मूल्यांकन के लिए अंक और प्रतिशत भार शिक्षक द्वारा तय किया जाएगा।*

विद्यार्थी का नाम... दिए गए अंक			शिक्षक के हस्ताक्षर एवं दिनांक
प्रक्रिया सम्बंधित	उत्पाद सम्बंधित	कुल	

5 घरेलू विद्युत वायरिंग शाला

प्रासंगिक कोर्स आउटकम (CO) एवं प्रोग्राम आउटकम्स (POs)

CO-5: विभिन्न घरेलू अनुप्रयोगों के लिए विद्युत तारों का कार्य करना।

कोर्स आउटकम	प्रोग्राम आउटकम्स (POs) के साथ अपेक्षित संबंध *(1- कमजोर सहसंबंध; 2- मध्यम सहसंबंध; 3- मजबूत सहसंबंध)*						
	PO-1: मूलभूत एवं अध्यन संकाय विशिष्ट ज्ञान	**PO-2:** समस्या विश्लेषण	**PO-3:** समाधानों की रुपरेखा / विस्तार	**PO-4:** इंजीनियरिंग उपकरण, प्रयोग और परीक्षण	**PO-5:** समाज एवं पर्यावरणीय स्थायित्व के लिए इंजीनियरिंग कार्यप्रणाली	**PO-6:** परियोजना प्रबंधन	**PO-7:** जीवन-पर्यन्त सीखना
CO-5: विभिन्न घरेलू अनुप्रयोगों के लिए विद्युत तारों का कार्य करना।	2	1	2	3	2	1	1

P15 विद्युत वायरिंग उपकरण और सामग्री

15.1 प्रायोगिक कथन

परिपथ आरेख के अनुसार पृष्ठ नाली तारों द्वारा एक स्विच से नियंत्रित एक लाइट को जोड़ने के लिए उपयुक्त उपकरणों का उपयोग करें।

15.2 प्रायोगिक महत्त्व

बिजली मानव जीवन की मूलभूत आवश्यकता बन गई है। प्रत्येक घर को मुख्यतः रात के समय इसके बैठक कक्ष, कार्य क्षेत्र को प्रकाशित करने के लिए प्रकाश की आवश्यकता होती है।

कमरों और कार्यक्षेत्र को प्रकाशित करने के लिए, हमें प्रकाशी व्यवस्था के स्विचिंग को नियंत्रित करने के लिए उपयुक्त तारों, नलिकाओं, होल्डर, बल्ब, स्विच बोर्ड और स्विच का उपयोग करके प्रकाशी व्यवस्था को ठीक करने की आवश्यकता है। विशेष परिसर के लिए वायरिंग प्रणाली मुख्य रूप से वायरिंग के उद्देश्य और स्थानीय पर्यावरणीय परिस्थितियों पर निर्भर करता है। गुप्त वायरिंग और पृष्ठीय वायरिंग उपयोग की जाने वाले सामान्य प्रकार के वायरिंग सिस्टम हैं। वायरिंग लाइट फिटिंग, फिक्स्चर और स्विच बोर्ड सुरक्षा मानदंडों का पालन करते हुए एक विशेष ऊंचाई और स्थानों पर स्थित किए जाते हैं। अतः इस प्रायोगिक कार्य को करने से विद्यार्थी को प्रासंगिक औजारों, यंत्रों तथा वायरिंग सामग्री का उपयोग करते हुए पृष्ठ नलिका वायरिंग करने का अनुभव प्राप्त होगा।

15.3 प्रासंगिक सिद्धांत

एकल फेज आपूर्ति और तीन फेज आपूर्ति में घरेलू प्रतिष्ठानों को बिजली की आपूर्ति की जाती है। एकल-फेज आपूर्ति में दो तारों (एक को फेज और दूसरा उदासीन कहा जाता है) के माध्यम से 230V की आपूर्ति होती है और 3-फेज की आपूर्ति 4 तारों (तीन फेज के तारों और एक उदासीन तार) के माध्यम से 415V की आपूर्ति होती है।

15.3.1 विद्युत वायरिंग

विद्युत तारों को स्रोत से उपयोग के बिंदु तक विद्युत शक्ति को संचारित करने के लिए विद्युत सुचालक, घटकों और उपकरणों की एक प्रणाली के रूप में कहा जा सकता है।

15.3.1.1 विद्युत वायरिंग के प्रकार

विद्युत वायरिंग को आंतरिक और बाहरी दो श्रेणियों में वर्गीकृत किया जा सकता है।

(a) **आतंरिक (इंटरनल) वायरिंग**

आंतरिक वायरिंग का उपयोग घरेलू और औद्योगिक उद्देश्यों के लिए किया जाता है। दोनों उद्देश्यों के लिए, इसे नलिका और कैपिंग आवरण के साथ गुप्त या प्रत्यक्ष लगा हुआ के रूप में इस्तेमाल किया जा सकता है। बहुलड़ तांबे के तार विभिन्न आकारों में उपलब्ध हैं जिनका उपयोग आंतरिक वायरिंग के लिए किया जा सकता है। विभिन्न आकारों के तारों को चित्र 15.1 में दिखाया गया है। सामान्य आकार 0.75 sq mm, 1 sq mm, 1.5 sq mm, 2.5 sq mm, 4 sq mm, 6 sq mm, 10 sq mm, 16 sq mm, 25 sq mm हैं।

(b) **बाह्य (एक्सटर्नल) वायरिंग**

बाह्य वायरिंग का उपयोग भवन के बाहर के लिए किया जाता है और इसे हम पाइप और सतह के साथ कवचित तार के साथ भूमिगत रखा जाता है। तार का अनुप्रस्थ दृश्य चित्र 15.2 में दिखाया गया है। एल्यूमीनियम केबल के विभिन्न आकार और प्रकार होते हैं जैसे कि 4core, 3 ½ core, 2core cable, 6sq mm, 10sq mm, 16sq mm, 25sq mm, 35sq mm, 50sq mm, 70sq mm, 95sq mm, 120sq mm, 150sq mm, 185sq mm, 220sqmm, 270sq mm, 300sq mm, 400sq mm, 500sq mm.

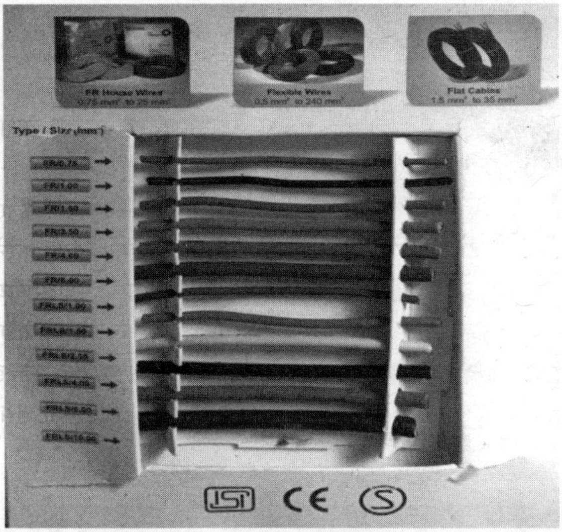

चित्र 15.1: तार के विभिन्न आकार

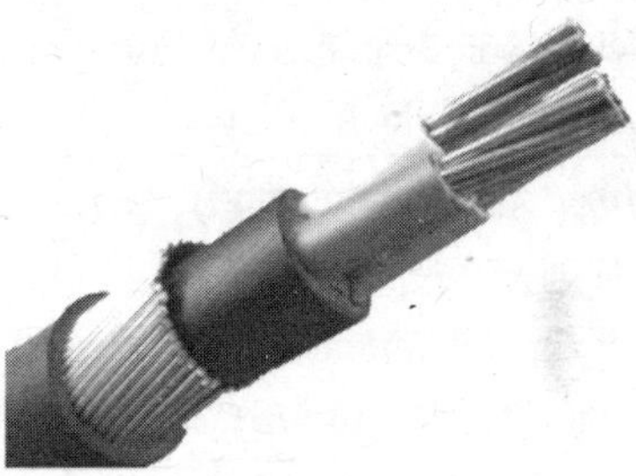

चित्र 15.2: कवचित (आर्मर्ड) तार

15.3.1.2 औजार, यंत्र और सामग्री

विद्युत वायरिंग का काम करने के लिए, हमें कुछ बुनियादी हस्त औजार और विशेष औजार चाहिए। विभिन्न औजार, मशीनें और वायरिंग सामग्री वायरिंग आरेख पर निर्भर करती है। विवरण नीचे दिया गया है-

क्रमांक	विवरण के साथ औजारों और उपकरणों के नाम
1.	**मापन टेप:** • आकार- 3-5 mts. • मापन के लिए उपयोग किया जाता है, mm में विभाजन, तार की लंबाई मापन और स्विच और अन्य विद्युत फिटिंग की स्थिति को चिह्नित करने के लिए भी। यूनिट -1 के चित्र 1.1 (b) में दिखाया गया है।

क्रमांक	विवरण के साथ औजारों और उपकरणों के नाम
2.	**लाइन टेस्टर:** • आकार- 100/130 mm जैसे विभिन्न आकारों में उपलब्ध है। यह पूरी तरह से विद्युत प्रतिरोधक है और इसमें एक नियॉन बल्ब होता है जो प्रकाशित होकर विद्युत की उपस्थिति को इंगित करता है। • विद्युत परिपथ के किसी भी बिंदु पर बिजली की आपूर्ति या फेज की जांच करने के लिए उपयोग किया जाता है। चित्र 15.3(a) में दिखाया गया है। स्विच में छोटे स्क्रू को कसने के लिए इसे एक स्क्रू ड्राइवर के रूप में भी इस्तेमाल किया जा सकता है।
3.	**पेंचकस:** • पेंचकस का उपयोग स्विच और विद्युत मशीनों में पेंच कसने के लिए किया जाता है। विभिन्न आकारों के पेंचकस का उपयोग किया जाता है। आमतौर पर बिजली के काम में इस्तेमाल होने वाले पेंचकस विद्युत अवरोधक होते हैं। चित्र 15.3(b) में दिखाया गया है।
4.	**हथौड़े:** • बॉल पीन और पंजा हथौड़ों का उपयोग आमतौर पर बिजली के काम में किया जाता है जहां अधिक प्रहारी शक्ति की आवश्यकता है। हथौड़ों को यूनिट-1 के चित्र 1.4 में दिखाया गया है।
5.	**प्लास (प्लायर):** • प्लास का उपयोग तार काटने और उसे पकड़ने के लिए भी किया जाता है। सरौता में एक विद्युत अवरोधक हत्था होता है। लंबी नाक के प्लास का उपयोग छोटी जगह में तारों को पकड़ने और छोटे नटों को कसने या ढीला करने के लिए किया जाता है। चित्र 15.3(c) में दिखाया गया है।
6.	**चपटा नाक (फ्लैट नोज) प्लास:** • कार्यवस्तु रखने या तार पकड़ने के लिए उपयोग किया जाता है। इसमें केवल दो स्लॉटेड जबड़े होते हैं, जो टेप किए जाते हैं। इस प्रकार इसका उपयोग छोटे नटों को कसने या ढीला करने के लिए किया जाता है। चित्र 15.3(d) में दिखाया गया है।
7.	**साइड कर्तन प्लास:** • पतले तारों को काटने और उनसे विद्युत अवरोध हटाने के लिए उपयोग किया जाता है। इसके एक तरफ पर कर्तन किनारा है। चित्र 15.3(e) में दिखाया गया है।
8.	**गोल नाक (राउंड नोज) प्लास:** • केवल तारों को पकड़ने या काटने के लिए उपयोग किया जाता है। इसमें कोई पकड़ने वाला जबड़ा नहीं होता है। इसकी कर्तन किनारा लंबी और ऊपर की तरफ गोल होती है। चित्र 15.3(f) में दिखाया गया है।
9.	**तार स्ट्रिपर:** • सुचालक तार को खोए बिना प्रतिरोधक कवच हटाने के लिए उपयोग किया जाता है। चित्र 15.3(g) में दिखाया गया है।
10.	**वहनीय पावर ड्रिलिंग मशीन:** • आवश्यक आकार के ड्रिलिंग बिट्स का उपयोग करके छेद बनाना। आमतौर पर वायरिंग उद्देश्य के लिए स्थिति के अनुसार 1 से 8 mm ड्रिल बिट का उपयोग किया जाता है। चित्र 15.3(j) में दिखाया गया है।

क्रमांक	विवरण के साथ औजारों और उपकरणों के नाम
11.	**हैक सॉ:** • हैक सॉ फ्रेम आकार हैक सॉ ब्लेड की लंबाई द्वारा निर्दिष्ट किया जाता है जो सामान्य रूप से 10" से 12" होता है। एक हैक सॉ का उपयोग नाली के पाइप, केबल आदि को काटने के लिए किया जाता है। इसमें एक फ्रेम होता है जहां ब्लेड को विंग नट के माध्यम से कसा जाता है। यूनिट -2 के चित्र 5.3 (a) में दिखाया गया है
12.	**मल्टीमीटर:** • मल्टीमीटर AC/DC विभव, AC/DC विद्युत धारा, प्रतिरोध, धारिता, आवृति और उपयोगिता अनुपात को मापने के लिए इस्तेमाल किया जाने वाला एक उपकरण है। चित्र 15.3(h) में दिखाया गया है। टोंग टेस्टर का उपयोग विद्युत धारा की माप के लिए भी किया जाता है और चित्र 15.3(i) में दिखाया गया है।
वायरिंग सामग्री सामग्री का चयन कार्य की स्थिति और परिपथ आरेख की आवश्यकता पर निर्भर करेगा। आवासीय उद्देश्यों के लिए लाइट परिपथ के लिए उपयोग की जाने वाली सामान्य प्रकार की सामग्रियां निम्नलिखित हैं–	
13.	**तारें:** • एक विद्युत तार एक तांबे या एल्यूमीनियम प्रतिरोधी कवच सहित तार होता है और इसमें एक या एक से अधिक मुड़े हुए लड़ होते हैं। वल्केनाइज्ड इंडियन रबर (वीआईआर) तार, कॉटन फ्लेक्सिबल या रबर फ्लेक्सिबल तार और पॉली विनाइल क्लोराइड (पीवीसी) तार आमतौर पर घरेलू वायरिंग में उपयोग किए जाते हैं। आम तौर पर, तार का आकार प्रस्तावित वर्तमान वहन क्षमता या भार पर निर्भर करता है, जैसे कि बिंदु कनेक्शन के लिए 1 mm तार का उपयोग किया जाता है। चित्र 15.4(a) में दिखाया गया है।
14.	**इन्सुलेशन टेप्स:** • इन्सुलेशन विद्युत टेप विभिन्न रंगों में उपलब्ध हैं और तारों को चिह्नित करने और फिश टेप में केबल जोड़ने के लिए उपयोग किए जाते हैं। चित्र 15.4(b) में दिखाया गया है।
15.	**लैंप होल्डर:** • लैम्प होल्डर लैम्प को रखने के लिए एक उपकरण है, लैम्प होल्डर को विद्युत टर्मिनलों से सुसज्जित किया जाता है। • बाजार में विभिन्न प्रकार के लैम्प होल्डर उपलब्ध हैं जैसे बैटन होल्डर, पेंडेंट होल्डर, एंगल होल्डर, स्लैंटिंग होल्डर आदि। एंगल होल्डर को चित्र 15.4(c) में दिखाया गया है।
16.	**लैंप:** • लैंप का एक कृत्रिम स्रोत है और यह हमारे जीवन का एक अभिन्न अंग बन गया है। • बाजार में विभिन्न प्रकार के लैंप उपलब्ध हैं जैसे कि तापदीप्त लैंप, टंगस्टन हलोजन लैंप, कॉम्पैक्ट फ्लोरोसेंट लैंप (सीएफएल), और LED लैंप। तापदीप्त लैंप और LED लैंप क्रमशः चित्र 15.4(d) और (e) में दिखाए गए हैं।

क्रमांक	विवरण के साथ औजारों और उपकरणों के नाम
17.	**पीवीसी कैपिंग और केसिंग:** • कई साल पहले, सतह पर तार बिछाने के लिए लकड़ी के बैटन का उपयोग किया जाता था, इन दिनों, पीवीसी पाइप या पीवीसी केसिंग और कैपिंग का उपयोग तारों के उद्देश्यों के लिए किया जाता है जो उपयोग में आसान होते हैं। पीवीसी केसिंग और कैपिंग विभिन्न आकारों में उपलब्ध हैं जैसे 0.75", 1", 1.5" आदि। 1" पीवीसी आवरण और कैपिंग चित्र 15.5 (a) में दिखाया गया है।
18.	**स्विच और सॉकेट:** • बिजली में, एक स्विच एक विद्युत उपकरण या घटक है जो विद्युत परिपथ में एक संचालन पथ को जोड़ या डिस्कनेक्ट कर सकता है और विभिन्न क्षमताओं जैसे 5 Amp, 15 Amp (एक तरफ और दो तरफ) में उपलब्ध है। अब, मॉड्यूलर स्विच लोकप्रिय हैं और उनकी बनावट आकर्षक है। • एक विद्युत सॉकेट ऐसा उपकरण है जो विद्युत उपकरण को प्राथमिक बिजली आपूर्ति से जोड़ने की अनुमति देता है। सॉकेट वोल्टेज और वर्तमान रेटिंग, आकार, बनावट और कनेक्टर्स के प्रकार में भिन्न हो सकते हैं। स्विच और सॉकेट 5 Amp को चित्र 15.5(b) में दिखाया गया है।
19.	**एस एस युग्म:** • यह एकल इकाई के रूप में स्विच और सॉकेट का एक संयोजन है। और स्विच और सॉकेट के समान गुण रखते हैं। चित्र 15.5(c) में दिखाया गया है। • एस एस युग्म बाजार में 5 amp और 15 amp क्षमता में उपलब्ध हैं। वर्तमान में एस एस युग्म भी संकेतक लैंप और फ्यूज से सुसज्जित हैं जो किसी भी शॉर्ट परिपथ की स्थिति में उपकरणों की सुरक्षा करते हैं।
20.	**सीलिंग रोस:** • यह एक विद्युत सहायक उपकरण है जिसका उपयोग तारों के सर्किट में विभिन्न स्थानों पर तारों को बाहर निकालने के लिए जंक्शन बिंदु बनाने के लिए किया जाता है और चित्र 15.5(d) में दिखाया गया है।
21.	**पीवीसी गुल्ली (पेग):** • यह एकल इकाई के रूप में स्विच और सॉकेट का एक संयोजन है। और स्विच और सॉकेट के समान गुण रखते हैं। चित्र 15.5(e) में दिखाया गया है।
22.	**मॉड्यूलर स्विच बोर्ड:** • एक इलेक्ट्रिक स्विचबोर्ड एक ऐसा उपकरण है जो आपूर्ति के एक या अधिक स्रोतों से बिजली को उपयोग के कई छोटे क्षेत्रों तक पहुंचाता है। • यह एक एकल मॉड्यूलर शीट में स्विच, सॉकेट और रेगुलेटर और अन्य उपकरण है और वायरिंग सर्किट के लिए उपयोग किया जाता है और चित्र 15.5(f) में दिखाया गया है।
23.	**LED ट्यूबलाइट:** • LED का अर्थ प्रकाश उत्सर्जक डायोड है। • एक LED बल्ब एक अर्धचालक पदार्थ - एक डायोड - के माध्यम से विद्युत प्रवाह पारित करके प्रकाश उत्पन्न करता है - जो तब विद्युत संदीप्ति के सिद्धांत के माध्यम से फोटॉन (प्रकाश) उत्सर्जित करता है। LED ट्यूबलाइट विभिन्न आकारों और प्रकारों में उपलब्ध हैं जिन्हें आवश्यकता के आधार पर चुना जा सकता है।

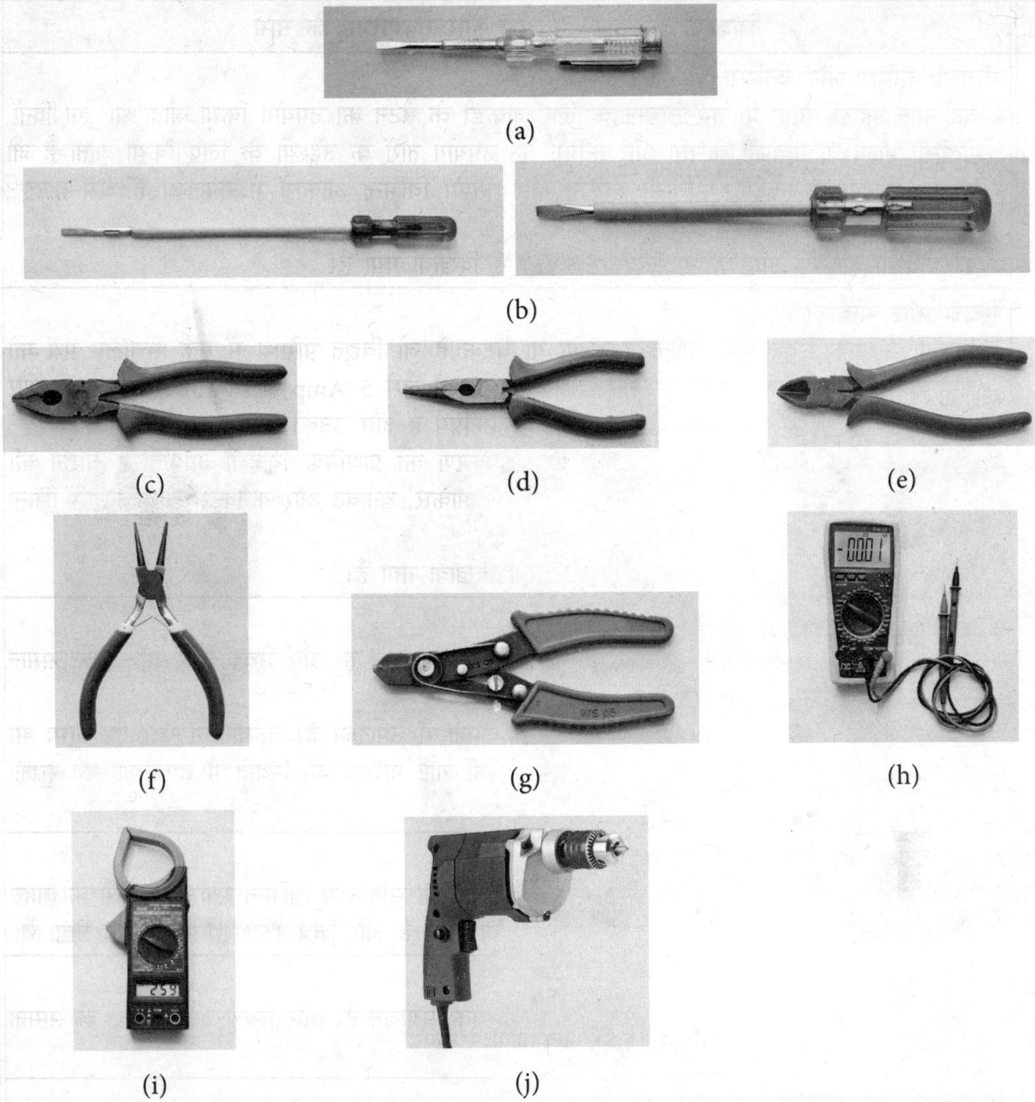

चित्र 15.3: वायरिंग उपकरण और यंत्र

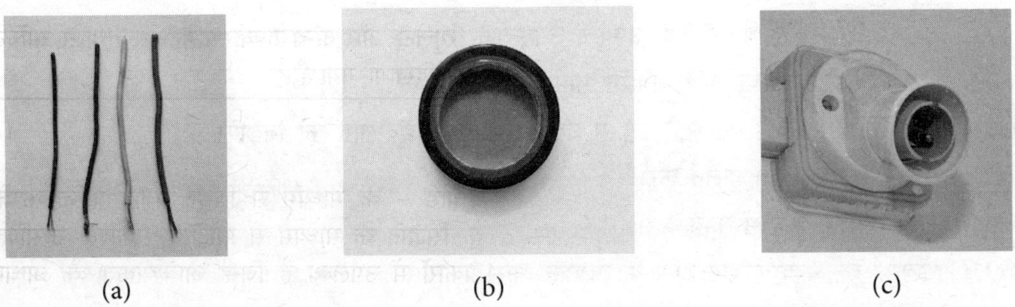

(d) (e)

चित्र 15.4: वायरिंग सामग्री

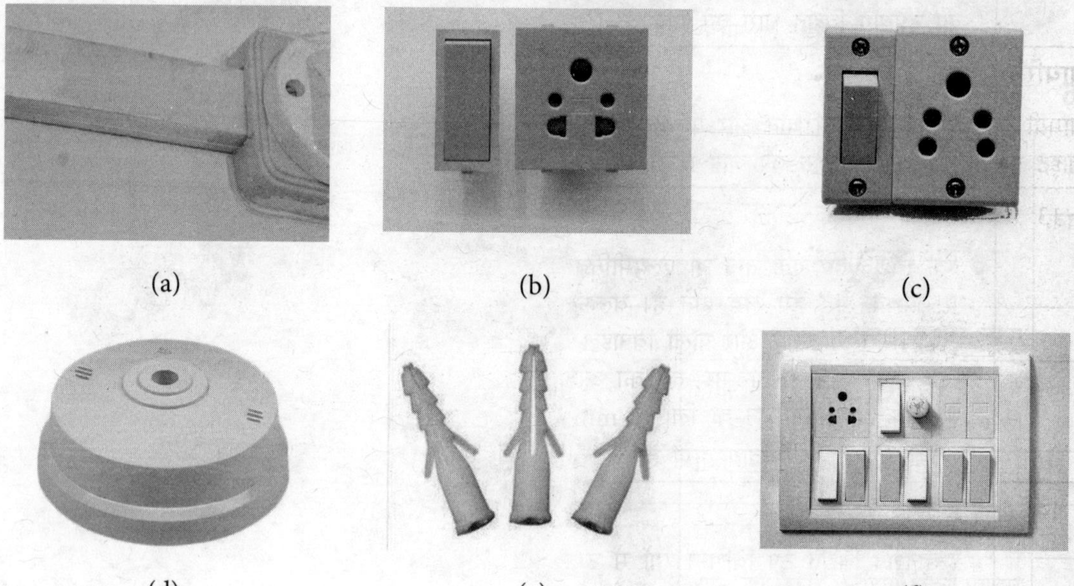

(a) (b) (c)

(d) (e) (f)

चित्र 15.5: अन्य वायरिंग सामग्री

15.4 प्रैक्टिकल आउटकम्स (PrO)

इस विषय के पाठ्यक्रम से व्युत्पन्न प्रायोगिक परिणाम:

PrO1: दिए गए वायरिंग कार्य के लिए उपयुक्त उपकरण, यंत्र और विद्युत तारों की सामग्री का चयन करें।

PrO2: दी गई आवश्यकता के साथ वायरिंग सामग्री की जाँच करें।

PrO3: उपकरण और सामग्री का सही ढंग से उपयोग करके विद्युत तारों को बिछाएं।

PrO3: सुरक्षित प्रविधियों का पालन करे।

PrO4: दल सदस्य के रूप में कार्य करें।

PrO5: पर्यावरण के अनुकूल दृष्टिकोण का उपयोग करे।

15.5 प्रायोगिक व्यवस्था (परिपथ आरेख/कार्य स्थिति)

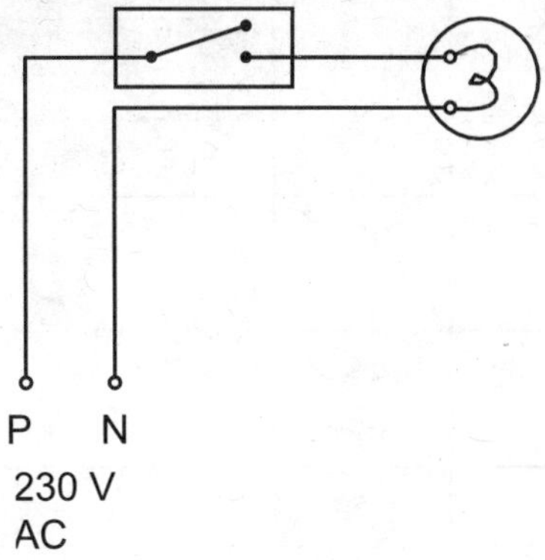

चित्र 15.6: परिपथ आरेख - एकल लैंप एकल स्विच द्वारा नियंत्रित

15.6 आवश्यक संसाधन

क्रमांक	सुझाए गए संसाधन मशीनें/ औजार/ यंत्र महत्वपूर्ण विशिष्टताओं के साथ	मात्रा	उपयोग किये गए वास्तविक संसाधन मशीनें/ औजार/यंत्र विस्तृत विशिष्टताओं के साथ (विद्यार्थी द्वारा भरा जाना है)		टिप्पणी (यदि कोई हो)
			उत्पाद का नाम (मेक)	विवरण	
1.	मापन टेप 3 मीटर	1 नग			
2.	प्लास मानक अनुरूप उत्पादित विद्युत प्रतिरोधी बहुद्देशीय प्लास	1 नग			
3.	स्क्रू ड्राईवर 6"/8" आकार का	1 नग			
4.	फेज टेस्टर मानक ISI द्वारा चिन्हित	20 नग			
5.	सुवाह्य ड्रिल मशीन बिट्स के साथ टंकण के लिए छोटे आकार का	1 नग			
6.	विद्युत अवरोधक टेप	1 नग			
7.	केसिंग कील ½" आकार का	1 नग			
8.	बॉल पीन हथौड़ा 450 ग्राम	1 नग			
9.	स्क्रू 0.75"/1"	प्रत्येक 10			
10.	पीवीसी दीवाल गुल्ली 6/8 mm	15 नग			
11.	लैंप होल्डर एंगल होल्डर	1 नग			
12.	लैंप 09 वाट (LED)	1 नग			
13.	स्विच 5Amp मॉड्यूलर	1 नग			

क्रमांक	सुझाए गए संसाधन मशीनें/ औजार/ यंत्र महत्वपूर्ण विशिष्टताओं के साथ	मात्रा	उपयोग किये गए वास्तविक संसाधन मशीनें/ औजार/यंत्र विस्तृत विशिष्टताओं के साथ (विद्यार्थी द्वारा भरा जाना है)		टिप्पणी (यदि कोई हो)
			उत्पाद का नाम (मेक)	विवरण	
14.	पीवीसी केसिंग और कैपिंग 2" आकार का,	10ft.			
15.	बहुलड़ तांबातार 1 sqmm- लाल रंग और काला रंग	प्रत्येक 1 गठ्ठा			
16.	स्विच बोर्ड मॉड्यूलर	1 नग			

15.7 सावधानियाँ

1. हमेशा रबर के तले वाले जूते पहनें।
2. कभी भी नम क्षेत्रों में या गीले कपड़ों में काम न करें।
3. खराब रोशनी या अनुचित रोशनी में काम न करें।
4. अनुमोदित उपकरणों यंत्रों और सुरक्षात्मक युक्तियों का उपयोग करें।
5. यंत्रों और उपकरणों को साफ और अच्छी तरह से काम करने की स्थिति में रखें।
6. उपकरणों और यंत्रों का उपयोग करने से पहले सभी निर्देशों को ध्यान से पढ़ें।
7. क्षतिग्रस्त/टूटे हुए कॉर्ड या प्लग के साथ विद्युत उपकरण का संचालन न करे।
8. स्विच की स्थिति से बिजली की आपूर्ति की सुनिश्चित करें।
9. फिटिंग को कसकर फिट किया जाना चाहिए।
10. कनेक्शन मजबूत होना चाहिए।
11. तार नलिका पर शक्ति के साथ जकड़ी होना चाहिए।

15.8 प्रयोग विधि

1. उपकरण, यंत्र और वायरिंग सामग्री एकत्र करें।
2. विद्युत परिपथ के आवश्यकता अनुसार वायरिंग सामग्री और अभिन्यास योजना जांचें।
3. स्विच बोर्ड बेस प्लेट और स्विच बोर्ड केसिंग को लैंप होल्डर में लगाए लैंप होल्डर को सही स्थिति में लाकर लगाएं।
4. फेज लाइन के लिए लाल तार और उदासीन के लिए काले तार की आवश्यक लंबाई लें।
5. परिपथ आरेख के अनुसार स्विच को जोड़ें और दोनों तारों को होल्डर टर्मिनल से स्विच तक मजबूती से जोडें।
6. लैम्प होल्डर में लैम्प फिक्स को लगाए।
7. स्विच बोर्ड परिपथ को वायरिंग अभिन्यास में दिखाए गए वितरण बोर्ड से कनेक्ट करें।
8. अब सभी जोड़ चेक करें, अगर ढीले हैं तो उन्हें सही से कस लें।
9. स्विच ऑन करने पर अगर लैंप जलेगा, तो इसका मतलब है कि वायरिंग सही ढंग से की गई है।
10. उपकरण, यंत्र और वायरिंग सामग्री को उनके उचित स्थान पर रखें।

15.9 प्रेक्षण और गणना

(प्रयोग के आधार पर संशोधित किया जा सकता है; विद्यार्थी द्वारा भरा जाना है)

क्रमांक			% त्रुटी
1.			
2.			

15.10 परिणाम एवं/अथवा विवेचना

(विद्यार्थी द्वारा भरा जाना है)

....

....

....

15.11 निष्कर्ष एवं/अथवा सत्यापन

(विद्यार्थी द्वारा भरा जाना है)

....

....

....

15.12 प्रयोग संबंधित प्रश्न

(उत्तर के लिए अलग पुस्तिका का प्रयोग करें)

नोट: नीचे संदर्भ के लिए कुछ नमूना प्रश्न दिए गए हैं। पूर्व-निर्धारित पाठ्यक्रम परिणाम की उपलब्धि सुनिश्चित करने के लिए शिक्षकों को ऐसे और प्रश्न तैयार करने चाहिए।

1. स्विच हमेशा फेज तार से जुड़ा होता है। कारण दीजिये।
2. इस प्रयोग में प्रयुक्त तार के आकार के चयन के मानदंड लिखिए।
3. केसिंग फिक्स करने के लिए इस प्रयोग में प्रयुक्त ड्रिल बिट का आकार लिखिए।
4. मॉड्यूलर स्विच बोर्ड लगाने की प्रक्रिया का वर्णन करें।
5. LED ट्यूबलाइट के कार्यविधि को समझाइए।

15.13 अपशिष्ट का निपटान

इस प्रयोग में फेंके जाने वाले अपशिष्ट पदार्थों को निम्नलिखित कूड़ेदानों में वर्गीकृत करें:

अपशिष्ट के प्रकार	डिब्बे (Bin) का रंग	विवरण
बायोडीग्रेडेबल अपशिष्ट	हरा	
ई-अपशिष्ट	काला	
प्लास्टिक एवं धातु के अपशिष्ट	नीला	
अन्य		

15.14 पर्यावरण के अनुकूल दृष्टिकोणः कम उपयोग (रिड्युस), पुनः उपयोग (रियूज) और पुनर्चक्रण (रिसायकल)

1. परिपथ अभिन्यास को उचित रूप से बदलकर उसी सामग्री का पुनः उपयोग किया जा सकता है।
2. प्रयुक्त एल्यूमीनियम और तांबे के तारों को पुनर्चक्रण किया जा सकता है।

15.15 अध्ययन हेतु सुझाए गए संसाधन

1. Workshop Practice Vol-I by Hazra & Choudhary, Media Promotors & Publishers Pvt. Ltd., Delhi, Latest Edition
2. Workshop Practice Manual by K Venkata Reddy, BS Publications, Hyderabad, Latest Edition

गुप्त वायरिंग विरूद्ध प्रत्यक्ष वायरिंग

15.16 सुझाई गई मूल्यांकन योजना

(शिक्षक द्वारा भरा जाना है)

दिए गए प्रदर्शन सूचक, प्रक्रिया और उत्पाद से संबंधित मूल्यांकन के लिए एक दिशानिर्देश के रूप में कार्य करेंगे।

	प्रदर्शन सूचक	भारिता (वेटेज)	दिए गए अंक
प्रक्रिया संबंधितः 7 अंक - 70%			
1.	वायरिंग अभिन्यास का अंकन	10%	
2.	आवश्यकता के अनुसार वायरिंग का निष्पादन	20%	
3.	उपकरणों और यंत्रों को संभालना	15%	
4.	परिपथ की जाँच करना	10%	
5.	सुरक्षित प्रविधि का पालन करना	10%	
6.	पर्यावरण के अनुकूल दृष्टिकोण का अभ्यास करना	5%	
उत्पाद संबंधितः 3 अंक - 30%			
7.	परिणाम प्राप्त करना	10%	
8.	परिणामों का लेखन और व्याख्या	5%	
9.	प्रयोग संबंधित प्रश्नों के उत्तर देना	10%	
10.	बनाई गई अभ्यास पुस्तिका को समय पर जमा करना	5%	
	कुल	**100%**	

**उत्पाद और प्रक्रिया मूल्यांकन के लिए अंक और प्रतिशत भार शिक्षक द्वारा तय किया जाएगा।*

विद्यार्थी का नाम... दिये गए अंक			शिक्षक के हस्ताक्षर एवं दिनांक
प्रक्रिया सम्बंधित	उत्पाद सम्बंधित	कुल	

P16 जीना वायरिंग

16.1 प्रायोगिक कथन

विद्युत परिपथ चित्र के अनुसार पृष्ठ नलिका वायरिंग का उपयोग करके द्वि-मार्गी स्विच द्वारा नियंत्रित जीना वायरिंग का कार्य करेंगे।

16.2 प्रायोगिक महत्व

बहुमंजिला इमारतों में सीढ़ी में लाईट की फिटिंग मंजिल अनुसार की जाती है। इन लाइटों को आवश्यकता के अनुसार और बिजली की खपत को कम करने के लिए एक से अधिक स्थानों से नियंत्रित किया जाता है। हम उपयुक्त वायरिंग व्यवस्था और स्विच का उपयोग करके विभिन्न मंजिलों में लगे लाइटों के स्विचिंग को नियंत्रित कर सकते हैं। आम तौर पर इस उद्देश्य के लिए द्वि-मार्गी स्विच का उपयोग किया जाता है।

द्वि-मार्गी स्विच का उपयोग करने का मुख्य उद्देश्य दो अलग-अलग स्थानों से उसी मंजिल में लगे लाइटों को नियंत्रित करना है। अगर हम भूतल पर हैं, तो हमें भूतल क्षेत्र में रोशनी की जरूरत है। लेकिन, जब हम ऊपरी मंजिल पर होते हैं तो हमें ऊपरी मंजिल क्षेत्र में रोशनी की आवश्यकता होती है और साथ ही हमें भूतल की रोशनी को भी बंद करना होता है। यह द्वि-मार्गी स्विच का उपयोग करके प्राप्त किया जा सकता है। अत: इस प्रयोग को करने से विद्यार्थी को उपयुक्त औजारों, उपकरणों तथा तारों की सामग्री का प्रयोग करते हुए जीना वायरिंग सीखने का अनुभव प्राप्त होगा।

16.3 प्रासंगिक सिद्धांत

16.3.1 जीना वायरिंग

कभी-कभी, लाईट को दो अलग-अलग स्थानों से नियंत्रित करना वांछनीय होता है जैसे सीढ़ी की शुरुआत में और अगली मंजिल में सीढ़ी के अंत पर। सीढ़ी की वायरिंग को द्वि-मार्गी स्विचिंग कनेक्शन भी कहा जाता है। इस प्रकार की वायरिंग लंबे गलियारे, शयन कक्ष प्रकाशन आदि के लिए भी उपयुक्त है। द्वि-मार्गी स्विचिंग वायरिंग के प्रमुख लाभ निम्नलिखित हैं-

- अलग-अलग स्थानों से AC उपकरणों और यंत्रों को जोड़ने और नियंत्रित करने के लिए।
- यह ज्यादातर जीना वायरिंग में उपयोग किया जाता है जहां एक प्रकाश बल्ब को विभिन्न स्थानों से नियंत्रित (चालू/बंद) किया जा सकता है, चाहे आप सीढ़ी के ऊपरी या निचले हिस्से में हों।
- इसका उपयोग किसी भी विद्युत (AC या DC) उपकरण या यंत्रो जैसे पंखे, प्रकाश बल्ब आदि को दो अलग-अलग स्थानों से नियंत्रित करने के लिए किया जाता है।

16.3.2 उपकरण और यंत्र

विद्युतीय वायरिंग के उपकरण एवं सामग्री के प्रासंगिक सिद्धांत पर प्रयोग संख्या 15 में चर्चा की गई है और जब भी आवश्यकता हो, इसे संदर्भित किया जा सकता है।

16.4 प्रैक्टिकल आउटकम्स (PrO)

इस विषय के पाठ्यक्रम से व्युत्पन्न प्रायोगिक परिणाम:

PrO1: परिपथ आरेख के अनुसार जीना वायरिंग के लिए उपयुक्त उपकरणों, यंत्रों और विद्युत तारों के पदार्थों का चयन करें।

PrO2: दी गई आवश्यकतानुसार वायरिंग सामग्री की जाँच करें।

PrO3: प्रति परिपथ आरेख के अनुसार उपकरणों और पदार्थों का सही ढंग से उपयोग करके विद्युत तारों को बिछाए।

PrO4: सुरक्षित प्रविधि का पालन करें।

PrO5: दल सदस्य के रूप में कार्य करें।

PrO6: पर्यावरण के अनुकूल दृष्टिकोंण का उपयोग करे।

16.5 प्रायोगिक व्यवस्था (परिपथ आरेख/कार्य स्थिति)

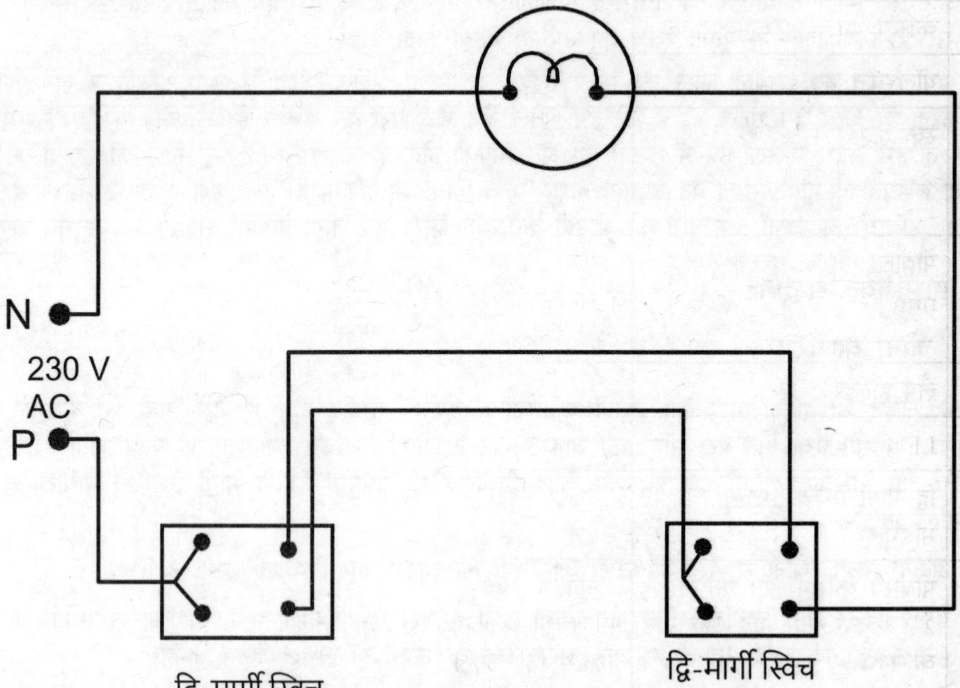

चित्र 16.1: जीना वायरिंग आरेख

16.6 आवश्यक संसाधन

क्रमांक	सुझाए गए संसाधन मशीनें/ औजार/ यंत्र महत्वपूर्ण विशिष्टताओं के साथ	मात्रा	उपयोग किये गए वास्तविक संसाधन मशीनें/औजार/यंत्र विस्तृत विशिष्टताओं के साथ (विद्यार्थी द्वारा भरा जाना है)		टिप्पणी (यदि कोई हो)
			उत्पाद का नाम (मेक)	विवरण	
1.	मापन टेप	1 नग			
2.	प्लास मानक अनुरूप उत्पादित विद्युत प्रतिरोधी बहुद्देशीय प्लास	1 नग			
3.	स्क्रू ड्राईवर 6"/8" आकार का	1 नग			
4.	फेज टेस्टर मानक ISI द्वारा चिन्हित	20 नग			
5.	वहनीय ड्रिल मशीन बिट्स के साथ टंकण के लिए छोटे आकार का	1 नग			
6.	विद्युत अवरोधक टेप	1 नग			
7.	केसिंग कील ½" आकार का	30 नग			
8.	बॉल पीन हथौड़ा 450 ग्राम	1 नग			
9.	स्क्रू 0.75"/1"	न्यूनतम 25 नग या वास्तविक जितना			
10.	पीवीसी दीवाल गुल्ली 6/8 mm	न्यूनतम 30 नग या वास्तविक जितना			
11.	लैंप होल्डर	1 नग			
12.	LED लैंप 09/11 वाट	1 नग			
13.	द्वि-मार्गी स्विच 5Amp मॉड्यूलर	2 नग			
14.	पीवीसी केसिंग और कैपिंग 2" आकार का, मोड़ और टी के साथ	न्यूनतम 35 या सीढ़ी की दी गयी स्तिथि के आधार पर आवश्यकता अनुसार			

क्रमांक	सुझाए गए संसाधन मशीनें/ औजार/ यंत्र महत्वपूर्ण विशिष्टताओं के साथ	मात्रा	उपयोग किये गए वास्तविक संसाधन मशीनें/औजार/यंत्र विस्तृत विशिष्टताओं के साथ (विद्यार्थी द्वारा भरा जाना है)		टिप्पणी (यदि कोई हो)
			उत्पाद का नाम (मेक)	विवरण	
15.	बहुलड़ तांबा तार 1 sqmm- लाल रंग और काला रंग	प्रत्येक 1 गठ्ठा			
16.	स्विच बोर्ड मॉड्यूलर एकल मार्गी मॉड्यूलर द्वि-मार्गी मॉड्यूलर	प्रत्येक 2			

16.7 सावधानियाँ

1. हमेशा रबर के तले वाले जूते पहनें।
2. कभी भी नम क्षेत्रों में या गीले कपड़ों में काम न करें।
3. खराब रोशनी या अनुचित रोशनी में काम न करें।
4. अनुमोदित उपकरणों, यंत्रो और सुरक्षात्मक युक्तियों का उपयोग करें।
5. यंत्रों और उपकरणों को साफ और अच्छी तरह से काम करने की स्थिति में रखें।
6. उपकरणों और यंत्रों का उपयोग करने से पहले सभी निर्देशों को ध्यान से पढ़ें।
7. क्षतिग्रस्त/टूटे हुए कॉर्ड या प्लग के साथ विद्युत उपकरण का संचालन न करे।
8. स्विच की स्थिति से बिजली की आपूर्ति की सुनिश्चित करें।
9. फिटिंग को कसकर फिट किया जाना चाहिए।
10. कनेक्शन मजबूत होना चाहिए।
11. तार नलिका पर शक्ति के साथ जकड़ी होना चाहिए।

16.8 प्रयोग विधि

1. परिपथ आरेख के अनुसार उपकरण, यंत्र और वायरिंग सामग्री एकत्र करें और जांचें
2. परिपथ के आवश्यकता अनुसार केसिंग और तारों की योजना बनाएं
3. स्विच बोर्ड बेस प्लेट और स्विच बोर्ड केसिंग को लैंप होल्डर को सही स्थिति में लाकर लगाएं।
4. प्लास और स्ट्रिपर का उपयोग करके आवश्यक लंबाई के तार के सिरों को साझा करें।
5. एक फेस लाल तार को द्वि-मार्गी स्विच के केंद्रीय पिन से जोड़ें।
6. शेष सिरों को अन्य संबंधित द्वि-मार्गी स्विच से जोड़े और एक अन्य काली तार सीधा स्विचबोर्ड को लैंप टर्मिनल से जोड़े अंत में दोनों तारो को होल्डर टर्मिनल से स्विच में जोड़े।

7. लैम्प होल्डर में लैम्प फिक्स को लगाए। स्विच बोर्ड परिपथ को वायरिंग अभिन्यास में दिखाए गए वितरण बोर्ड से जोड़ें।
8. जो तार उजागर हो गए है उनको ढंकने के लिए आवरण पर पीवीसी कैपिंग लगाएं।
9. परिपथ परीक्षण के लिए बल्ब से लगे दो स्विचों को बारी बारी से चालू और बंद करें।
10. उपकरण, यंत्र और वायरिंग सामग्री को उनके उचित स्थान पर रखें।

16.9 प्रेक्षण और गणना

(प्रयोग के आधार पर संशोधित किया जा सकता है; विद्यार्थी द्वारा भरा जाना है)

क्रमांक			% त्रुटी
1.			
2.			

16.10 परिणाम एवं/अथवा विवेचना

(विद्यार्थी द्वारा भरा जाना है)

....

....

....

16.11 निष्कर्ष एवं/अथवा सत्यापन

(विद्यार्थी द्वारा भरा जाना है)

....

....

....

16.12 प्रयोग संबंधित प्रश्न

(उत्तर के लिए अलग पुस्तिका का प्रयोग करें)

नोट: नीचे संदर्भ के लिए कुछ नमूना प्रश्न दिए गए हैं। पूर्व-निर्धारित पाठ्यक्रम परिणाम की उपलब्धि सुनिश्चित करने के लिए शिक्षकों को ऐसे और प्रश्न तैयार करने चाहिए।

1. जीना वायरिंग के क्षेत्र/घरेलू अनुप्रयोगों का उल्लेख कीजिए।
2. स्वच्छ रेखाचित्र के साथ द्विमार्गी स्विच का वर्णन कीजिए।
3. घरेलू तारों में मल्टीमीटर के अनुप्रयोग लिखिए।
4. AC और DC के बीच अंतर स्पष्ट करें।
5. इस प्रयोग में अनुसरण किये गए महत्वपूर्ण सावधानियों की व्याख्या करें।

16.13 अपशिष्ट का निपटान

इस प्रयोग में फेंके जाने वाले अपशिष्ट पदार्थों को निम्नलिखित कूड़ेदानों में वर्गीकृत करें:

अपशिष्ट के प्रकार	डिब्बे (Bin) का रंग	विवरण
बायोडीग्रेडेबल अपशिष्ट	हरा	
ई-अपशिष्ट	काला	
प्लास्टिक एवं धातु के अपशिष्ट	नीला	
अन्य		

16.14 पर्यावरण के अनुकूल दृष्टिकोण: कम उपयोग (रिड्युस), पुनः उपयोग (रियूज) और पुनर्चक्रण (रिसायकल)

1. परिपथ अभिन्यास को उचित रूप से बदलकर उसी सामग्री का पुनः उपयोग किया जा सकता है।
2. प्रयुक्त एल्यूमीनियम और तांबे के तारों को पुनर्चक्रण किया जा सकता है।

16.15 अध्ययन हेतु सुझाए गए संसाधन

1. Workshop Practice Vol-I by Hazra & Choudhary, Media Promotors & Publishers Pvt. Ltd., Delhi, Latest Edition
2. Workshop Practice Manual by K Venkata Reddy, BS Publications, Hyderabad, Latest Edition
3. Concealed Wiring vs Open Wiring: https://www.youtube.com/watch?v=aE1cek7rQsk

जीना वायरिंग

16.16 सुझाई गई मूल्यांकन योजना

(*शिक्षक द्वारा भरा जाना है*)

दिए गए प्रदर्शन सूचक, प्रक्रिया और उत्पाद से संबंधित मूल्यांकन के लिए एक दिशानिर्देश के रूप में कार्य करेंगे।

प्रदर्शन सूचक		भारिता (वेटेज)	दिए गए अंक
प्रक्रिया संबंधित: 7 अंक - 70%			
1.	वायरिंग अभिन्यास का अंकन	10%	
2.	आवश्यकता के अनुसार वायरिंग का निष्पादन	20%	
3.	उपकरणों और यंत्रों को संभालना	15%	
4.	परिपथ की जाँच करना	10%	
5.	सुरक्षित प्रविधि का पालन करना	10%	
6.	पर्यावरण के अनुकूल दृष्टिकोण का अभ्यास करना	5%	

प्रदर्शन सूचक		भारिता (वेटेज)	दिए गए अंक
उत्पाद संबंधित: 3 अंक - 30%			
7.	परिणाम प्राप्त करना	10%	
8.	परिणामों का लेखन और व्याख्या	5%	
9.	प्रयोग संबंधित प्रश्नों के उत्तर देना	10%	
10.	बनाई गई अभ्यास पुस्तिका को समय पर जमा करना	5%	
	कुल	**100%**	

**उत्पाद और प्रक्रिया मूल्यांकन के लिए अंक और प्रतिशत भार शिक्षक द्वारा तय किया जाएगा।*

विद्यार्थी का नाम... **दिये गए अंक**			**शिक्षक के हस्ताक्षर एवं दिनांक**
प्रक्रिया सम्बंधित	उत्पाद सम्बंधित	कुल	

P17 LED ट्यूबलाइट वायरिंग

17.1 प्रायोगिक कथन

परिपथ आरेख के अनुसार एकल स्विच द्वारा नियंत्रित LED ट्यूब लाइट व्यवस्था को संयोजित करने के लिए उपयुक्त उपकरणों का उपयोग करें।

17.2 प्रायोगिक महत्व

विभिन्न परिसरों में नाना प्रकार के ट्यूबलाइट सिस्टम लगाए गए हैं। वर्तमान में, LED ट्यूब लाइट बहुत प्रचलित हैं, क्योंकि यह अन्य प्रकार की ट्यूब लाइट फिटिंग की तुलना में कम बिजली की खपत करती है। पारंपरिक ट्यूब लाइट सिस्टम में, चोक और स्टार्टर को अलग-अलग लगाया जाता है। लेकिन, LED ट्यूब लाइट सिस्टम के मामले में, निर्माण तंत्र पूरी तरह से अलग है, क्योंकि इसे इलेक्ट्रॉनिक रूप से नियंत्रित किया जाता है। इस प्रयोग को करने के बाद विद्यार्थी आत्मविश्वास और आसानी से LED ट्यूब लाइट संयोजन को पूरा कर सकेंगे।

17.3 प्रासांगिक सिद्धांत

17.3.1 LED

LED का मतलब लाइट एमिटिंग डायोड है।

एक LED बल्ब एक अर्धचालक पदार्थ डायोड के माध्यम से विद्युत प्रवाह पारित करके प्रकाश उत्पन्न करता है। तब जाकर विद्युत संदीप्ति सिद्धांत के माध्यम से फोटॉन (प्रकाश) उत्सर्जित करता है। यह इंगित करता है कि एक पदार्थ (एक डायोड) उस पर विद्युत प्रवाहित करने पर प्रकाश उत्सर्जित करती है। एक जंक्शन ("पी-एन जंक्शन") के एक तरफ से इलेक्ट्रॉन (एक इलेक्ट्रॉन की कमी वाली तरफ) दूसरी तरफ (एक इलेक्ट्रॉन की कमी वाली तरफ) कूदते हैं। जब पी-एन जंक्शन पर विद्युत प्रवाहित होती है, तो इलेक्ट्रॉनों की कमी वाला पक्ष दूसरी तरफ से आवेशित किए गए इलेक्ट्रॉनों से भरना चाहता है, और जब विद्युत प्रवाहित होती है तो इलेक्ट्रॉन स्थानांतरित होने के लिए उत्सुक हो जाते हैं। इस प्रक्रिया के दौरान प्रकाश का निर्माण होता है।

17.3.2 उपकरण और यंत्र

विद्युत तारों से संबंधित सिद्धांत के साथ-साथ उपकरणों, यंत्रों और सामग्रियों के विवरण की चर्चा यूनिट 5 के 15.3 में की गई है, जिसे आवश्यकता पड़ने पर संदर्भित किया जा सकता है।

17.4 प्रैक्टिकल आउटकम्स (PrO)

इस विषय के पाठ्यक्रम से व्युत्पन्न प्रायोगिक परिणाम:

PrO1: ट्यूबलाइट सिस्टम के संयोजन के लिए उपयुक्त उपकरण और सामग्री का चयन करें।

PrO2: LED ट्यूबलाइट के संयोजन की जाँच करें।

PrO3: सुरक्षित प्रविधि का पालन करें।

PrO4: दल के सदस्य के रूप मे कार्य करें।

PrO5: पर्यावरण के अनुकूल दृष्टिकोण का उपयोग करें।

17.5 प्रायोगिक व्यवस्था (परिपथ आरेख/कार्य स्थिति)

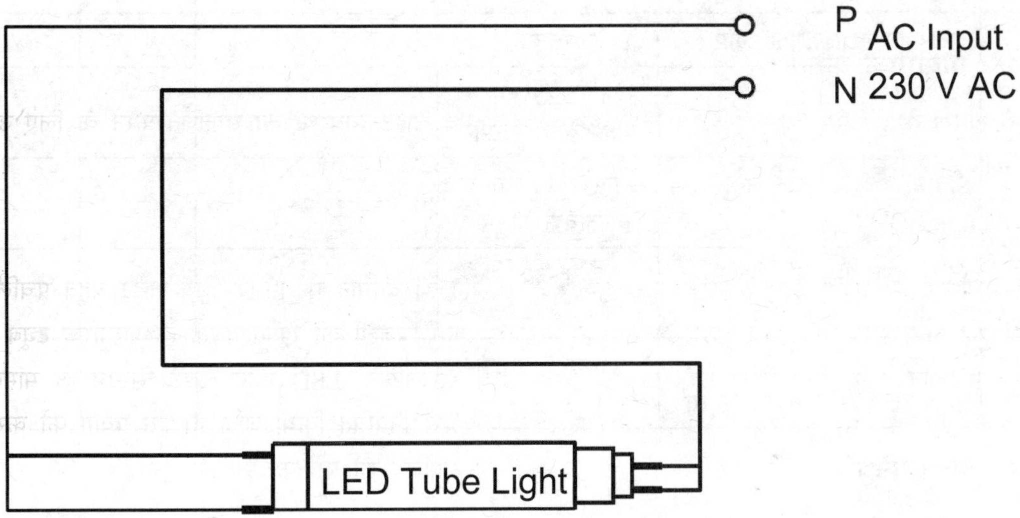

चित्र 17.1: LED ट्यूबलाइट आरेख

17.6 आवश्यक संसाधन

क्रमांक	सुझाए गए संसाधन मशीनें/ औजार/ यंत्र महत्वपूर्ण विशिष्टताओं के साथ	मात्रा	उपयोग किये गए वास्तविक संसाधन मशीनें/औजार/यंत्र विस्तृत विशिष्टताओं के साथ (विद्यार्थी द्वारा भरा जाना है)		टिप्पणी (यदि कोई हो)
			उत्पाद का नाम (मेक)	विवरण	
1.	प्लास मानक अनुरूप उत्पादित विद्युत प्रतिरोधी बहुद्देशीय प्लास	1 नग			
2.	स्क्रू ड्राईवर 6" /8" आकार का	प्रत्येक 1			
3.	फेज टेस्टर मानक ISI द्वारा चिन्हित	1 नग			

क्रमांक	सुझाए गए संसाधन मशीनें/ औजार/ यंत्र महत्वपूर्ण विशिष्टताओं के साथ	मात्रा	उपयोग किये गए वास्तविक संसाधन मशीनें/औजार/यंत्र विस्तृत विशिष्टताओं के साथ (विद्यार्थी द्वारा भरा जाना है)		टिप्पणी (यदि कोई हो)
			उत्पाद का नाम (मेक)	विवरण	
4.	वहनीय ड्रिल मशीन बिट्स के साथ टंकण के लिए छोटे आकार का	1 नग			
5.	विद्युत अवरोधक टेप	1 नग			
6.	बॉल पीन हथौड़ा 450 ग्राम	1 नग			
7.	स्क्रू 0.75"/1 "	न्यूनतम 25 नग या वास्तविक अनुसार			
8.	पीवीसी दीवाल गुल्ली 6/8 mm	न्यूनतम 30 नग या वास्तविक अनुसार			
9.	LED ट्यूब रॉड बेस फिटिंग के साथ	1 नग			
10.	बहुलड़ तांबा तार 1 sq mm-लाल रंग और काला रंग	प्रत्येक 1 गठ्ठा			

17.7 सावधानियाँ

1. हमेशा रबर के तले वाले जूते पहनें।
2. खराब रोशनी या अनुचित रोशनी में काम न करें।
3. यंत्रों और उपकरणों को साफ और अच्छी तरह से काम करने की स्थिति में रखें।
4. उपकरणों और यंत्रों का उपयोग करने से पहले सभी निर्देशों को ध्यान से पढ़ें।
5. क्षतिग्रस्त/टूटे हुए कॉर्ड या प्लग के साथ विद्युत उपकरण का संचालन न करे।
6. स्विच की स्थिति से बिजली की आपूर्ति सुनिश्चित करें।
7. फिटिंग को मजबूती से फिट किया जाना चाहिए।
8. कनेक्शन मजबूत होना चाहिए।

17.8 प्रयोग विधि

1. परिपथ आरेख के अनुसार उपकरणों, यंत्रों और सामग्री को एकत्र करें और जांचें।
2. परिपथ के आवश्यकता अनुसार कनेक्शन की योजना बनाएं।
3. परिपथ आरेख की सहायता से LED लाइट/लैंप के कनेक्शन को पुरा करें।

4. LED ट्यूबलाइट की स्थिति को चिह्नित करें।
5. ड्रिल मशीन का उपयोग करके एक छिद्र बनाए और उसमें पीवीसी गुल्ली को लगाए।
6. बोर्ड को वायरिंग अभिन्यास में दिखाए गए वितरण बोर्ड से जोड़ें।
7. परिपथ परीक्षण के लिए बल्ब से लगे दो स्विचों को बारी बारी से चालू और बंद करें।
8. उपकरण, यंत्र और वायरिंग सामग्री को उनके उचित स्थान पर रखें।

17.9 प्रेक्षण और गणना

(प्रयोग के आधार पर संशोधित किया जा सकता है; विद्यार्थी द्वारा भरा जाना है)

क्रमांक			% त्रुटी
1.			
2.			

17.10 परिणाम एवं/अथवा विवेचना

(विद्यार्थी द्वारा भरा जाना है)

....
....
....

17.11 निष्कर्ष एवं/अथवा सत्यापन

(विद्यार्थी द्वारा भरा जाना है)

....
....
....

17.12 प्रयोग संबंधित प्रश्न

(उत्तर के लिए अलग पुस्तिका का प्रयोग करें)

नोट: नीचे संदर्भ के लिए कुछ नमूना प्रश्न दिए गए हैं। पूर्व-निर्धारित पाठ्यक्रम परिणाम की उपलब्धि सुनिश्चित करने के लिए शिक्षकों को ऐसे और प्रश्न तैयार करने चाहिए।

1. LED के कार्य सिद्धांत का उल्लेख कीजिए।
2. LED ट्यूबलाइट की संरचनात्मक विशेषताओं का चित्र सहित वर्णन करें।
3. ऊर्जा दक्ष प्रकाश व्यवस्था के कोई दो उदाहरण दीजिए।
4. ऊर्जा दक्षता विभाग के कार्यों का उल्लेख कीजिए।
5. CFL एवं LED के मध्य अंतर बताइए।

17.13 अपशिष्ट का निपटान

इस प्रयोग में फेंके जाने वाले अपशिष्ट पदार्थों को निम्नलिखित कूड़ेदानों में वर्गीकृत करें:

अपशिष्ट के प्रकार	डिब्बे (Bin) का रंग	विवरण
बायोडीग्रेडेबल अपशिष्ट	हरा	
ई-अपशिष्ट	काला	
प्लास्टिक एवं धातु के अपशिष्ट	नीला	
अन्य		

17.14 पर्यावरण के अनुकूल दृष्टिकोण: कम उपयोग (रिड्युज), पुनः उपयोग (रियूज) और पुनर्चक्रण (रिसायकल)

1. प्रयुक्त एल्यूमीनियम और तांबे के तारों को पुनर्चक्रण किया जा सकता है।.

17.15 अध्ययन हेतु सुझाए गए संसाधन

1. Workshop Practice Vol-I by Hazra & Choudhary, Media Promotors & Publishers Pvt. Ltd.,\ Delhi, Latest Edition
2. Workshop Practice Manual by K Venkata Reddy, BS Publications, Hyderabad, Latest Edition

LED ट्यूबलाइट कैसे लगाएं

17.16 सुझाई गई मूल्यांकन योजना

(शिक्षक द्वारा भरा जाना है)

दिए गए प्रदर्शन सूचक, प्रक्रिया और उत्पाद से संबंधित मूल्यांकन के लिए एक दिशानिर्देश के रूप में कार्य करेंगे।

	प्रदर्शन सूचक	भारिता (वेटेज)	दिए गए अंक
प्रक्रिया संबंधित: 6 अंक - 60%			
1.	अंकन और मापन	5%	
2.	आवश्यकता के अनुसार वायरिंग का निष्पादन	20%	
3.	उपकरणों और यंत्रों को संभालना	15%	
4.	परिपथ की जाँच करना	10%	
5.	सुरक्षित प्रविधि का पालन करना	5%	
6.	पर्यावरण के अनुकूल दृष्टिकोण का अभ्यास करना	5%	

प्रदर्शन सूचक		भारिता (वेटेज)	दिए गए अंक
उत्पाद संबंधित: 4 अंक - 40%			
7.	परिणाम प्राप्त करना	15%	
8.	परिणामों का लेखन और व्याख्या	10%	
9.	प्रयोग संबंधित प्रश्नों के उत्तर देना	10%	
10.	बनाई गई अभ्यास पुस्तिका को समय पर जमा करना	5%	
	कुल	**100%**	

**उत्पाद और प्रक्रिया मूल्यांकन के लिए अंक और प्रतिशत भार शिक्षक द्वारा तय किया जाएगा।*

विद्यार्थी का नाम... **दिये गए अंक**			**शिक्षक के हस्ताक्षर एवं दिनांक**
प्रक्रिया सम्बंधित	उत्पाद सम्बंधित	कुल	

अनुक्रमणिका

च

छ

झ

ट

ठ

ड

त

शब्दकोष (Glossary)

अंकन चाकू	Marking Knife
अपशिष्ट पदार्थ	Waste Material
अर्ध गोलाकार रेती	Half Round File
अर्ध चढ़ाव जोड़	Half Lap Joint
आतंरिक वायरिंग	Internal Wiring
आसंजक	Adhesive
औजार	Tools
कर्तन औजार	Cutting Tools
कलमी जोड़	Mitred Joint
कवच	Shield
कार्य जकड़ने वाले उपकरण	Work Holding Device
कार्यवस्तु	Workpiece
काष्ठकर्म	Wood Work
कीलक हथौड़ा	Riveting Hammer
कीलक	Rivet
कुंतलन प्रक्रिया	Curling Process
कृंतन प्रक्रिया	Nibbling Process
खाँचा छेनी	Mortise Chisel
खांचन प्रक्रिया	Notching Process
खुरदुरी चपटी रेती	Rough Flat File
चढ़ाव जोड़	Lap Joint
चिंगारी ज्वालक	Spark Lighter
चीर आरी	Rip Saw
चूल आरी	Tenon Saw
चौरासी छेनी	Firm Chisel
छीलन प्रक्रिया	Saving Process
छेनी	Chisel
जीना वायरिंग	Staircase Wiring
झलाई	Welding
ठूंठ खांचा	Stub Mortise
ढलाई	Casting
तार स्ट्रिपर	Wire Stripper
त्रिकोणीय रेती	Trinagular File
दस्ती आरी	Hand Saw
दाब झलाई	Pressure Welding
दाब नियामक	Pressure Regulator
दीर्घ आर्क झलाई	Long Arc Welding
द्रवण झलाई	Fusion Welding
धातु अक्रिय गैस वेल्डिंग	Metal Inert Gas Welding
धातु चादर कार्य	Sheet Metal Operation
धातु सक्रिय गैस वेल्डिंग	Metal Active Gas Welding
नस्तरी प्रक्रिया	Lancing Operation
निहाई	Anvil
पंजा हथौड़ा	Claw Hammer
परिपथ	Circuit
परिरक्षण गैस	Shielding Gas
परिष्करण	Finishing
पर्यावरण	Enviroment
पाना	Spanners

पुनर्चक्रण	Recycle
पेंचकस	Screw Drivers
प्रहारी उपकरण	Striking Tools
प्रायोगिक परिणाम	Practical Outcome
प्रेक्षण	Observation
प्लास	Plier
बंकन प्रक्रिया	Bending Process
बढ़ईगिरी	Carpentry
बाह्य वायरिंग	External Wiring
बेंच कर्तनी	Bench Shears
बेंच शिकंजा	Bench Vice
भू-योजन क्लैंप	Earth Clamp
मरम्मत और रखरखाव	Repair and Maintenance
मशीनें	Machines
मापन टेप	Measuring Tape
यंत्र	Instrument
रंदा	Jack Plane
रान खांचा	Haunched Mortise
रेखक	Scriber
रेगमाल	Sand Paper
रेती	File
लघु आर्क झलाई	Short Arc Welding
वहनीय	Portable
विदरण प्रक्रिया	Slitting Process
विद्युतीय समतलक	Electric Planer
विद्युदग्र होल्डर	Electrode Holder
विमा	Dimension
वेधन प्रक्रिया	Perforating Process
शंक्वाकार छेनी	Bevel Chisel
शक्ति स्त्रोत	Power Source
शिकंजा	Vice
शिरोपरि स्थिति	Overhead Position
संयोजक	Connector
संसाधन	Resource
सपाट जोड़	Butt Joint
समतल करने वाले उपकरण	Planning Tools
सरकवां डवटेल जोड़	Sliding Dovetail Joint
सुरक्षात्मक वस्त्र	Protective Clothing
स्टील का फुट्टा	Steel Rule
स्पंदित आर्क झलाई	Pulsed Arc Welding
हथौड़े	Hammers
हस्त औजार	Hand Tools
हाथ के दस्ताने	Hand Gloves